Heimatverein Dülmen

Im Bündel des Lebens

Jüdische und alttestamentliche Spuren in Dülmen

D1717337

mit einem Nachwort von Theo Schwedmann

»Sie müssen machen, dass ich wegkomme!«
Verhaftung und Verhör des Dülmener Juden Louis Pins

Ein eher zufälliger Archivfund fördert eine Ermittlungsakte der Hamburger Zollfahndung zutage: Plötzlich fällt Licht auf das tragische Ende eines jüdischen Viehhändlers aus dem Münsterland vor mehr als 80 Jahren. Dank der Präzision behördlicher Protokoll- und Aktenführung lassen sich nicht nur die letzten Tage des am 2. Juni 1939 verhafteten Louis Pins aus Dülmen nachzeichnen, sondern auch die vorangegangenen verzweifelten Bemühungen, mit Frau und Tochter das Land zu verlassen. Das in dieser Broschüre spannend und informativ aufbereitete Schicksal des Louis Pins ist exemplarisch für die Lage unzähliger Juden während des „Dritten Reichs": Einerseits wurden sie rücksichtslos aus dem beruflichen und öffentlichen Leben gedrängt; andrerseits waren sie durch ein kaum durchschaubares Geflecht von gesetzlichen Bestimmungen faktisch daran gehindert, ins sichere Exil zu entweichen. Herausgegeben vom Heimatverein Dülmen im Auftrag der Pfarrgemeinde St. Viktor; gefördert durch die NRW-Stiftung

Keller Pins?
Hineinschauen!
Archäologisches Fenster.

Um das Schicksal des Dülmener Juden Louis Pins und seiner Familie zu würdigen, entstand die Idee, auf dem Grundriss des früheren Wohnhauses Kirchplatz Nr. 8 nahe der Dülmener Viktorkirche ein „archäologisches Bodenfenster" zu gestalten. Auf einer eigenen Website wollen zahlreiche Beiträge und Informationen ein tieferes Verständnis schaffen, um dem künftigen Gedenkort „Keller Pins" im Dülmener einsA-Quartier zu begegnen. Darüber hinaus soll künftig auf dieser Online-Plattform verschiedenstes Bild- und Textmaterial zu weiteren Spuren jüdischen Lebens in Dülmen hinterlegt werden, das ständig aktualisiert wird und zu Rückmeldungen einlädt. Nach und nach soll das heute noch verfügbare Wissen um das jüdische Leben in und um Dülmen zusammengetragen und präsentiert werden – angefangen von genealogischen Daten bis hin zu aktuellen Initiativen.

hineinschauen.org

Impressum:

2. Auflage 2022
© 2021 Eigenverlag
ISBN 978-3-00-072257-8

Texte & Konzept: Markus Trautmann
Satz & Layout: Christiane Daldrup
Druck: Druckhaus Tecklenborg GmbH, Steinfurt

Herausgegeben vom Heimatverein Dülmen e.V.
Postfach 1307 · 48234 Dülmen
im Auftrag der Pfarrgemeinde St. Viktor

NRW Stiftung gefördert durch die NRW-Stiftung
nrw-stiftung.de

Abbildung rechts: Jesaja präsentiert auf einer Schriftrolle die Verheißung des künftigen Messias (vgl. Jes 11,1), Holzfigur im Altarraum in St. Pankratius Buldern; Abbildung Seite 3: Arche Noah auf dem Fuß eines bronzenen Stehkreuzes im Altarraum der Klosterkirche Maria Hamicolt, geschaffen 1993 von Herbert Daubenspeck, Emsdetten

Heimatverein Dülmen

Im Bündel des Lebens

Jüdische und alttestamentliche Spuren in Dülmen

mit einem Nachwort von Theo Schwedmann

Angesichts der fast restlosen Auslöschung jüdischen Lebens in Deutschland während des „Dritten Reichs" ist es eine makabre Ironie der Geschichte, dass sich ausgerechnet die (allermeisten) jüdischen Friedhöfe mit ihren mitunter bis ins 19. Jahrhundert zurückreichenden Grabstätten bis auf den heutigen Tag erhalten haben. Auch im Münsterland finden wir zahlreiche dieser oft in malerischer Lage gelegenen Erinnerungsorte.

So unterschiedlich die dort befindlichen Grabsteine gestaltet sind: In der Regel enthalten die Inschriften jeweils denselben Schlusssegen, wie er seit dem Mittelalter auf fast jedem jüdischen Grabmal üblich ist - abgekürzt durch sechs hebräische Schriftzeichen und aus dem 1. Buch Samuel abgeleitet: „Seine/ihre Seele sei eingebunden in das Bündel des Lebens." (vgl. 1 Sam 25,29)

Dieser Vers liefert den Titel der vorliegenden Broschüre: „Im Bündel des Lebens". (Andere Übersetzungsvarianten lauten „Bund des Lebens" oder „Beutel des Lebens".) Es geht um das Einsammeln und Zusammentragen, um das Verbinden und Verknüpfen. In diesem Sinne wird auf den folgenden Seiten quasi ein Geflecht bzw. ein Gewebe von Texten und Bildern vorgestellt, in denen die unterschiedlichsten Themenstränge und Gedankenlinien zusammenkommen: Immer geht es um jüdische und alttestamentliche Spuren in Dülmen - als materielle oder ideelle Erinnerungen; als altvertraute oder ganz überraschende Erkenntnisse; mit religiösen oder profanen Bezügen; in visuellen oder literarischen Gestalten; mit historischen oder aktuellen Bedeutungen; in jüdischen oder christlichen Interpretationen.

Die vielfältigen Themen, Texte und Abbildungen sind im Verlauf des Buches in insgesamt zehn verschiedene Rubriken aufgeteilt, die sich jeweils durch eine andere farbige Umrahmung erkennen lassen und auf den Seiten 6 bis 9 einführend vorgestellt werden.

So faszinierend die Fülle von weit mehr als 100 jüdischen bzw. alttestamentlichen Spuren und Symbolen, Zeichen und Zitaten in Dülmen auch erscheinen mag: Es bleibt eine bittere geschichtliche Wahrheit, dass jüdische Lebens- und Glaubenshaltung einerseits und christliches Wissen um die jüdischen Wurzeln andrerseits über Jahrhunderte keinesfalls in einer Annäherung oder wenigstens friedlichen Koexistenz Ausdruck gefunden hätten. Im Gegenteil: Christliche Überheblichkeit und Gedankenlosigkeit führten allzu oft zu einer fatalen Unkenntnis und üblen Ressentiments gegenüber der jüdischen Minderheit - auch wenn diese in der eigenen Nachbarschaft zuhause war.

Angesichts dieser Vergangenheit hat das Zweite Vatikanische Konzil (1962-65) in seinem vielbeachteten Dokument „Nostra Aetate" über die nicht christlichen Religionen eine klare Wende vollzogen:

„Bei ihrer Besinnung auf das Geheimnis der Kirche gedenkt die Heilige Synode des Bandes, wodurch das Volk des Neuen Bundes mit dem Stamme Abrahams geistlich verbunden ist. So anerkennt die Kirche Christi, dass nach dem Heilsgeheimnis Gottes die Anfänge ihres Glaubens und ihrer Erwählung sich schon bei den Patriarchen, bei Moses und den Propheten finden. Sie bekennt, dass alle Christgläubigen als Söhne Abrahams dem Glauben nach in der Berufung dieses Patriarchen eingeschlossen sind und dass in dem Auszug des erwählten Volkes aus dem Lande der Knechtschaft das Heil der Kirche geheimnisvoll vorgebildet ist. Deshalb kann die Kirche auch nicht vergessen, dass sie durch jenes Volk, mit dem Gott aus unsagbarem Erbarmen den Alten Bund geschlossen hat, die Offenbarung des Alten Testaments empfing und genährt wird von der Wurzel des guten Ölbaums, in den die Heiden als wilde Schösslinge eingepfropft sind." Und an anderer Stelle: *„Die Juden sind nach dem Zeugnis der Apostel immer noch von Gott geliebt um der Väter willen; sind doch seine Gnadengaben und seine Berufung unwiderruflich."*

Mit dieser Würdigung geht es nicht nur um eine kritische Distanzierung von einer Jahrhunderte währenden, aber doch zurückliegenden Ausgrenzung der Juden. Es geht dem Konzil auch um eine „Zumutung" (im wörtlichen Sinne einer „Ermutigung") an heutiges Denken: Denn selbst wenn man noch so redlich und eindringlich das historische Schicksal und die geschichtliche Rolle der Juden betont oder deren kulturelle Leistung und wissenschaftliche Beiträge würdigt - man weicht dem tiefsten Wurzelgrund jüdischen Selbstverständnisses (auch von säkularen Juden) aus, wenn man die Grundannahme geflissentlich ignoriert, dass die Israeliten ein „auserwähltes Volk" waren und sind. Diesen Gedanken peinlich zu finden, stößt vielleicht noch immer auf einen breiten Konsens, meint aber letztlich, sich einer vollumfänglichen Annäherung an das Judentum zu verweigern.

Auch wenn sich ein christlicher Antijudaismus entwickeln konnte: Das Heilshandeln Gottes an Israel und der Offenbarungscharakter des „Alten Testaments" waren für die Kirche zu keiner Zeit wirklich strittig, sondern wurden in Theologie und Verkündigung durchaus reflektiert und in Kunst und Liturgie anschaulich zum Ausdruck gebracht. Daher entbehrt es nicht einer bitteren Logik, dass der heutige Mensch in dem Maße, wie er die überkommene christliche Tradition abstreift und ablehnt, auch kaum mehr einen spirituell-religiösen

Bezug zu diesem Mysterium der „Erwählung Israels" empfindet - ein Mysterium, das eben nicht nur Thema christlich-kirchlicher Rückbesinnung ist, sondern auch den genuinen Ursprung jüdischer Identität bildet.

Der deutschjüdische Religionsphilosoph Schalom Ben-Chorin (1913-1999) sagt einmal über das spezifisch jüdische Selbstverständnis:

> „Was meint ‚Erwählung Israels?' Dieses Volk hat Gott zum Modellfall für alle Völker erwählt. An ihm hat er Gericht und Gnade so deutlich, so sinnfällig vollzogen und in seinem Wort verkündigt, dass es die Völkerwelt vernommen und wohl zum Teil auch angenommen hat." Ben-Chorin verweist auf das Buch des Propheten Amos, wo Israel von Gott zur Rede gestellt wird: „Seid ihr denn besser als die anderen? ... Euch allein habe ich von allen Geschlechtern der Erde erkannt, damit ich an euch heimsuche alle eure Verfehlungen." (vgl. Amos 9,7-9) Israel, so Ben-Chorin, sei nicht besser als andere, „aber mündiger und daher in der vollen Verantwortung stehend."

Von Gott erwählt zu sein meint: mündiger „Dialogpartner" zu werden, Verantwortung wahrzunehmen angesichts der Herausforderungen des Lebens. Es ist wohl keine Anmaßung zu vermuten, dass sich ein derartiges Bekenntnis bzw. Engagement umso besser erschließt, je mehr man überhaupt religiös ansprechbar ist. In diesem Sinne möge das vorliegende Büchlein die Gläubigen in ihrem Glauben stärken - und uns alle zu einem vertieften Innehalten über unseren Platz „im Bündel des Lebens" anregen.

Bilder: Bronzerelief „Schöpfung" (Ø 12,5 cm) von Hermann Schilcher in einer Dülmener Wohnung mit dem umlaufenden Schriftzug „Im Anfang schuf Gott Himmel und Erde" bzw. „Und er sah, dass es gut war" (Gen 1,1 bzw. Gen 1,31); Dülmener Stadtmodell (1:1000) von 2008: im oberen Bereich die Synagoge. - Die beiden zitierten Texte wurden entnommen aus: Kleines Konzilskompendium, Freiburg 1984, S. 357f.; Deutsche Glaubenszeugen, Freiburg 1980, S.98

• ERINNERUNGSORTE STADTGEBIET •

Jüdische Erinnerungsorte in Dülmen

Das Miteinander der Menschen in einer Stadtgesellschaft hinterlässt im Laufe der Generationen die unterschiedlichsten Spuren und Erinnerungen – sei es in materiellen Zeugnissen, sei es im kollektiven Bewusstsein. Helle und dunkle Phasen finden so bis heute ihren Widerhall – mehr oder weniger deutlich. Auch einige jüdische Symbole und Spuren lassen sich noch heute in Dülmen finden.

Auf dem 1905 angelegten neuen Dülmener jüdischen Friedhof befinden sich vor allem Grabmäler vom 1937 aufgelösten alten jüdischen Friedhof.

• SPUREN IM UMLAND •

Jüdische Spuren im Dülmener Umland

Jesus von Nazareth fühlte sich in besonderer Weise der ländlichen Bevölkerung verbunden – zumal sich die „Stadt" (seine Heimatstadt Nazareth oder erst recht die Metropole Jerusalem) ihm gegenüber stets abweisend und bedrohlich darstellte. Viele der Gleichnisse Jesu erzählen vom Ackerbau und von der Viehzucht, berichten von Weinbauern und Hirten und Landarbeitern. – Ein kleiner Rundgang durch den ländlichen Raum rund um Dülmen benennt verschiedene jüdische und alttestamentliche Hinweise.

Arche Noah (Kirchenfenster) in St. Pankratius Buldern; Schriftgelehrter in einer Kreuzwegstation in St. Jakobus Karthaus

• LETZTE WOHNORTE •

Letzte Wohnorte Dülmener Juden

In der Dülmener Innenstadt sowie in Rorup liegen an elf Stellen insgesamt 40 „Stolpersteine", die an das Schicksal jüdischer Mitbürgerinnen und Mitbürger erinnern. Sie wurden entweder ermordet, in die Emigration oder in den Suizid getrieben. Ausführliche Informationen zur Dülmener Stolpersteine-Aktion und zum Geschick der jüdischen Gemeindemitglieder während des „Dritten Reichs" bzw. nach dem Krieg wurden 2011 in der Sonderausgabe „700 Jahre Stadt Dülmen" der Dülmener Heimatblätter auf den Seiten 195-254 zusammengetragen.

Früheres „Judenhaus" an der Coesfelder Straße 43; Cover der Dülmener Heimatblätter 2011

Jüdische Erinnerungsstücke in Dülmen

„Da sagte Jesus zu ihnen: Deswegen gleicht jeder Schriftgelehrte, der ein Jünger des Himmelreichs geworden ist, einem Hausherrn, der aus seinem Schatz Neues und Altes hervorholt." (vgl. Mt 13,52) Fast jeder Mensch sammelt irgendwas – mehr oder weniger bewusst. Zumindest haben wir alle schon einmal irgendein Andenken aufbewahrt und halten es in Ehren. Im Folgenden werden elf Dülmener Personen vorgestellt, die uns einen kleinen „Schatz" aus dem Heiligen Land bzw. aus dem Judentum vorstellen.

Siebenarmiger Leuchter in einem Dülmener Haushalt; Antonia Müller präsentiert ein Schmuckstück von Sara Pins

Jüdische Autoren und Autorinnen in der Stadtbücherei Dülmen

„Im Übrigen, mein Sohn, lass dich warnen!", so beendet der alttestamentliche Weise Kohelet das gleichnamige Werk: „Es nimmt kein Ende mit dem vielen Bücherschreiben, und viel Studieren ermüdet den Leib." (Koh 12,12) Gleichwohl erfreuen sich Buchläden und Büchereien nach wie vor großer Beliebtheit: Nicht zuletzt in Zeiten der Corona-Einschränkungen entdeckten viele Menschen wieder das Lesen für sich. Ein kleiner Rundgang durch die Dülmener Stadtbücherei nennt elf hier vertretene jüdische Autorinnen und Autoren.

Die deutschsprachige jüdische Literatur ist kein vergangenes Erbe, sondern gehört vielfach bis heute zum kulturellen Bildungskanon unseres Landes. Und selbst die verschiedenen autobiographischen Werke von Juden und Jüdinnen thematisieren bleibende Bezüge zur Gegenwart – auch wenn sich dies zunächst nicht abzeichnete: „Es ist für jemanden wie mich ein eigenartiges Gefühl, Tagebuch zu schreiben", notierte Anne Frank am 20. Juni 1941. „Nicht nur, dass ich noch nie geschrieben habe, sondern ich denke auch, dass sich später keiner, weder ich noch ein anderer, für die Herzensergüsse eines dreizehnjährigen Schulmädchens interessieren wird."

Holzgeschnitztes Figürchen des Evangelisten Matthäus mit einer Schriftrolle im Chorgestühl der früheren Klosterkirche St. Jakobus Karthaus, ca. 1350

Jüdische Vornamen in Dülmen

Jüdische Symbole in St. Viktor

„Es gibt doch niemand in deiner Verwandtschaft, der so heißt", ereifern sich die Angehörigen von Zacharias und Elisabeth, die ihr Kind „Johannes" nennen. (Lk 1,61) Es gibt in den biblischen Büchern unzählige Anekdoten, die sich um die Benennung und Umbenennung von Menschen drehen. Und das aus gutem Grund: Der Name hat mit Identität und Beziehung zu tun – gegenüber mir selbst, gegenüber den Mitmenschen, gegenüber Gott: „Ihre Namen stehen im Buch des Lebens", sagt der hl. Paulus mit Blick auf seine Weggefährten. (Phil 4,3)

In der Familie und Verwandtschaft von Tobias Welling kam es nie vor, dass ihn jemand „Tobi" gerufen hat – wie dies etwa Freunde oder Mitschüler taten. „In unserer Familie wurde der Vorname nicht zum Spitznamen", erinnert er sich. Stattdessen legten besonders die Großmütter Wert darauf, den Namenstag zu feiern.

„Nicht du trägst die Wurzel, sondern die Wurzel trägt dich!" Mit diesen Worten ermahnt der Apostel Paulus (vgl. Römer 11,18) die christliche Gemeinde, ihren religiösen Ursprung nicht zu vergessen: Das Christentum gründet auf dem Judentum. Das Neue Testament ist ohne das Alte Testament (bzw. das „Erste Testament") nicht verständlich. Die christliche Liturgie und auch die Kunst enthalten zahlreichen alttestamentliche Zitate oder Anspielungen auf das Judentum. Dies soll bei einer kleinen Exkursion durch die Dülmener Viktorkirche anhand von elf Bildmotiven und Symbolen verdeutlicht werden.

Joseph und Maria bei der Darbringung Jesu im
Tempel von Jerusalem; Fensterbild in
St. Pankratius Buldern

Schlange in einem Kirchenfenster
in St. Viktor; Prophet Jesaja auf
einem liturgischen Gewand

Alttestamentliche Bezüge in der katholischen Liturgie

„Tut dies zu meinem Gedächtnis", so lautet der Auftrag Jesu beim Letzten Abendmahl, der bis heute im Hochgebet der Heiligen Messe zitiert wird. Die Mahlgemeinschaft im Auftrag Jesu und in seiner Gegenwart vollzieht sich als „Eucharistie", als danksagende Erinnerung an das Heilshandeln Gottes: Der Bund Gottes mit Israel wird nach christlichem Verständnis am Kreuz ein für alle Mal besiegelt. Somit liegt es nahe, im Verlauf der katholischen Liturgie so manche alttestamentliche Zitate und Anspielungen zu entdecken.

Erstkommunion in St. Antonius Merfeld;
Statue des Melchisedek in St. Pankratius Buldern

Alttestamentliche Liedtexte im „Gotteslob"

Das katholische „Gotteslob" in seinen Ausgaben seit 1975 bzw. in seiner Neuauflage seit 2016 gehört noch immer zu den meistverbreiteten Druckwerken in Dülmen – und ist ein bleibender „Klassiker" unter den Geschenken zur Erstkommunion. Zahlreiche im „Gotteslob" enthaltene Lieder sind Nachdichtungen und Vertonungen der Psalmen – jener Gebete und Hymnen also, die bis heute fest zur jüdischen Spiritualität gehören und auch die Frömmigkeit des Jesus von Nazareth prägten.

Chorkonzert in St. Joseph Dülmen;
musizierender Engel auf einem
liturgischen Gewand in St. Viktor

Die Zehn Gebote und ihre Auslegung

Die Zehn Gebote (vgl. Ex 20,2-17), die uns die Heilige Schrift überliefert, sind für Juden wie für Christen wesentlicher Zugang zum religiösen Selbstverständnis und nicht zuletzt auch ein bewährter Leitfaden zur Gewissenserforschung. Sie wollen Wegweisung sein, damit menschliches Leben gelingt, und geben Orientierung für unsere Beziehung zu Gott, zu uns selbst und zu unserem Mitmenschen. – Das „Evangelische Gesangbuch" sowie das katholische „Gotteslob" halten eigene Abschnitte der Unterweisung und der Betrachtung zu den Zehn Geboten bereit.

Dekalog-Tafeln (Zehn Gebote) in einem Kirchenfenster in St. Georg Hiddingsel

Taube mit Ölzweig

Als 2011 der Innenraum der Viktorkirche einer umfassenden Renovierung unterzogen wurde, verschwanden die 1985 vom Kirchenmaler Gianamleto Feraboli (1929-2004) angefertigten Wandmalereien, die auch einige alttestamentliche Motive thematisiert hatten. Allein eine Taube mit Ölzweig im Schnabel blieb am Gurtbogen zwischen Altarraum und Kirchenschiff erhalten. Sie erinnert an den biblischen Bericht von der Sintflut: Nachdem sich die Wassermassen zurückziehen, entlässt Noah eine Taube aus der Arche. Als sie von ihrem Ausflug frisches Grün mitbringt, wissen die Überlebenden, dass sie nun bald die Arche verlassen können. (vgl. Gen 8,8-12) Die Taube mit Ölzweig ist ein Symbol für den Neubeginn, den Gott schenkt.

Die Taube mitsamt Ölzweig und Arche findet sich auch auf dem bronzenen Tabernakel, der um 1960 in der Kapelle des Franz-Hospitals aufgestellt wurde. In St. Pankratius Buldern zeigt ein Kirchenfenster (um 1920) die Arche Noah. Der dortige Taufbrunnen (1990) zeigt in einem steinernen Relief Noah, wie er nach dem Ölzweig greift.

Tabernakeltüren in der Dülmener Krankenhauskapelle; Taube als Wandmalerein in St. Viktor; Noah bei der Rückkehr der Taube als Relief am Taufstein von St. Pankratius Buldern

• SPUREN IM UMLAND •

St. Pankratius: „Väter des Glaubens"

Im Altarraum der Pfarrkirche St. Pankratius Buldern befinden sich auf Konsolsteinen an der Wand insgesamt sechs hölzerne Skulpturen, die alttestamentliche „Väter des Glaubens" darstellen. Sie wurden von dem niederrheinischen Holzschnitzer Gerd Brüx (1875-1944) aus Kleve geschaffen. Ursprünglich flankierten sie im aufwändig gearbeiteten Hochaltar von 1911 den Tabernakel. Es handelt sich (v.l.n.r.) um den Propheten Jesaja (mit einer Schriftrolle), Isai (mit der „Wurzel Jesse"), Noah (mit der Arche), König David (mit der Harfe), Melchisedek (mit Brot und Wein) und Daniel (mit einem Löwen aus der Löwengrube).

Blick in den Altarraum von St. Pankratius Buldern; Isai mit der „Wurzel Jesse" als Symbol der Heilsgeschichte Israels, an der Spitze mit Maria und dem Jesuskind

Heinrich Heine: „Deutschland. Ein Wintermärchen"

Heinrich Heine, einer der bedeutendsten Dichtern und Journalisten des 19. Jahrhunderts, wurde 1797 in Düsseldorf geboren und starb 1856 als Exilant in Paris.

„Heinrich Heine gilt als einer der letzten Vertreter und zugleich als Überwinder der Romantik. Er machte die Alltagssprache lyrikfähig, erhob das Feuilleton und den Reisebericht zur Kunstform und verlieh der deutschen Literatur eine zuvor nicht gekannte elegante Leichtigkeit. Als kritischer, politisch engagierter Journalist, Essayist und Satiriker war Heine ebenso bewundert wie gefürchtet. Im Deutschen Bund mit Publikationsverboten belegt, verbrachte er seine zweite Lebenshälfte im Pariser Exil. Antisemiten und Nationalisten feindeten Heine wegen seiner jüdischen Herkunft und seiner politischen Haltung über den Tod hinaus an. Die Außenseiterrolle prägte sein Leben, sein Werk und dessen Rezeptionsgeschichte." (Wikipedia)

Das satirische Versepos **„Deutschland. Ein Wintermärchen"** erschien 1844. Angelegt ist das Werk als eine Reise, die Heine im Jahr zuvor von Paris nach Hamburg unternahm. In bildreicher poetischer Sprache übt Heine sarkastische Kritik an den politischen und

sozialen Verhältnissen in seiner Heimat, deren reaktionäre Wirklichkeit er mit seinen liberalen gesellschaftlichen Visionen kontrastiert. – Die Stadtbücherei Dülmen bietet das Werk auch als e-Medium an.

*Heinrich Heine als gemaltes Porträt ;
Buchcover zum „Wintermärchen"*

Gedenktafel Synagoge

50 Jahre nach der „Reichskristallnacht" wurde im November 1988 an der Hauswand der „Alten Sparkasse" an der Dülmener Münsterstraße eine Gedenktafel angebracht, die an die Dülmener Synagoge erinnert. Die mit einem Davidstern verzierte bronzene Platte befindet sich gegenüber einer Durchfahrt zu einem Hinterhof: Wo sich heute Garagen befinden, wurde 1864 das Gotteshaus der jüdischen Gemeinde errichtet.

*Dülmener Synagoge auf einem historischen Foto;
Gedenkplatte an der Münsterstraße;
Exkursion 2016 zum früheren Standort der Synagoge*

Mit biblischem Vornamen: Joshua Gorski

Für Lena Starzonek, die sich gemeinsam mit ihrem kleinen Sohn Joshua katholisch taufen ließ, war der alttestamentliche Josua kein Unbekannter. In ihrer Kindheit wurde Lena Starzonek von den Zeugen Jehovas geprägt: „Schon von klein auf hat mich die Bibel begeistert", erklärt sie, „und natürlich auch die Geschichte, wie Josua der Nachfolger von Mose wurde." Dass ihr Freund ein „Riesenfan" des FC Bayern München ist und Josua Kimmich als seinen Lieblingsspieler betrachtet, machte die Namenswahl für den gemeinsamen Sohn natürlich leichter.

„Joshua" leitet sich (wie auch „Jesus") vom hebräischen „Jehoschua" ab und meint: Gott ist Hilfe, Heil, Rettung. Der alttestamentliche Josua wird erstmals im Buch Exodus (Ex 17) als ein im Auftrag des Mose agierender Heerführer genannt. Später (Ex 24) begleitet er Mose als dessen Diener auf den Gottesberg Sinai – und ist somit auch nicht am Abfalls des Volkes und dem berüchtigten Tanz ums Goldene Kalb beteiligt. Im Buch Numeri (Num 13) gehört Josua zu den zwölf Kundschaftern, die die Eroberung des Gelobten Landes vorbereiten sollen. Das historische Chorgestühl in St. Jakobus in Weddern zeigt die Kundschafter Josua und Kaleb, wie sie von ihrem Streifzug ins „Gelobte Land" zurückkehren: „Dort schnitten sie eine Rebe mit einer Weintraube ab und trugen sie zu zweit auf einer Stange, dazu auch einige Granatäpfel und Feigen.

(...) Sie erzählten Mose: Wir kamen in das Land, in das du uns geschickt hast: Es ist wirklich ein Land, in dem Milch und Honig fließen; das hier sind seine Früchte." (Num 13,23 ff.) Die Reaktionen ihrer Mitstreiter sind allerdings von einem irrationalen Pessimismus getrieben, der die berechtigte Vorfreude überschattet: Denn wenn ein Land derart große Früchte hervorbringt, dann müssen auch dessen Bewohner riesenhaft groß und überlegen sein: „Wir kamen uns selbst klein wie Heuschrecken vor und auch ihnen erschienen wir so." (Num 13,33)

Josua und Kaleb möchten dennoch die Eroberung vorantreiben, doch die Führer der anderen Stämme zaudern. Zur Strafe für das Zaudern und die Uneinigkeit muss das Volk Israel weitere 40 Jahre auf der Wanderung in der Wüste verbringen, bis die ganze Generation (bis auf Josua und Kaleb) gestorben sein wird. Später (Num 27) wird Josua zum Nachfolger des Mose bestimmt, als der er die „Landnahme" nach dessen Tod anführt. Diese wird schließlich im Buch Josua geschildert: Josua und sein Volk überqueren von Osten her den Jordan und nehmen nach vielen Kämpfen mit fremden Stämmen das Land in Besitz.

Taufe von Joshua Gorski 2021 in St. Viktor; Josua und Kaleb bei der Rückkehr aus dem Gelobten Land, Relief am Chorgestühl in St. Jakobus Karthaus

„Amen!"

„So sicher wie das Amen in der Kirche", lautet eine Redewendung. Als Abschluss der Messgebete (Orationen) oder der liturgischen Zurufe (Akklamationen) drückt das „Amen" die Zustimmung der Gläubigen zur jeweiligen Gebetsintention oder zum Segenszuspruch aus. Auch bei der Spendung der hl. Kommunion („Der Leib Christi!") antworten die Gläubigen ganz persönlich mit: „Amen!" Das hebräische Wort „Amen" wird landläufig mit „So sei es" übersetzt, hat aber die noch tiefgründigere Bedeutung von: sich festmachen; sich verankern; sich ausrichten. Von der Eröffnung des Gottesdienstes bis zum feierlichen Schlusssegen kann in einer Eucharistiefeier das „Amen" bis zu fünfzehnmal vorkommen.

Glasbild in Buldern St. Pankratius

„Mein Hirt ist Gott der Herr" (GL 421) – Psalm 23

1.) Mein Hirt ist Gott der Herr, / er will mich immer weiden. / Darum ich nimmermehr / kann Not und Mangel leiden. / Er wird auf grüner Au, / so wie ich ihm vertrau, / mir Rast und Nahrung geben / und wird mich immerdar / an Wassern still und klar / erfrischen und beleben.

2.) Er wird die Seele mein / mit seiner Kraft erquicken, / wird durch den Namen sein / auf rechte Bahn mich schicken. / Und wenn aus blinder Wahl / ich auch im finstern Tal / weitab mich sollt verlieren, / so fürcht ich dennoch nicht; / ich weiß mit Zuversicht, / du, Herr, du wirst mich führen.

Text: Caspar Ulenberg 1582

Figur des Guten Hirten in St. Agatha Rorup; Darstellung vom Durchzug durch das Rote Meer am Taufbrunnen in St. Mauritius Hausdülmen

Ich bin der Herr, dein Gott, der dich aus Ägypten geführt hat, aus dem Sklavenhaus.

Dieser Einleitungssatz, mit dem die Zehn Gebote beginnen, ist wichtig. Er erinnert daran, dass Gott Israel aus der Sklavenarbeit und der Unterdrückung Ägyptens herausgeführt hat. Er ist somit ein Gott, der nicht die Unterdrückung des Menschen, sondern sein Leben in Würde und Freiheit will. So sollen auch die Zehn Gebote (Dekalog) uns nicht in unserem Menschsein einengen, sondern den Rahmen abstecken, in dem ein Zusammenleben der Menschen in Freiheit, Frieden und Gerechtigkeit möglich ist.

Gotteslob (2016) Nr. 601

Wandmalerei in St. Pankratius Buldern: überlebensgroße Darstellung des Mose mit den Zehn Geboten bei der Rückkehr vom Berg Sinai

Hebräische Bibel

Pfarrer Gerd Oevermann besitzt aus Studientagen eine hebräische Bibelausgabe: Zahllose handschriftliche Notizen und Einträge erinnern daran, wie er sich seinerzeit mit Begeisterung dem Studium dieser orientalischen Sprache gewidmet hat.

Als Pfarrer Gerd Oevermann an der Kirchlichen Hochschule Bethel sein Studium antrat, standen zunächst einmal die „alten Sprachen" auf dem Lehrplan. Innerhalb eines Semesters erwarb er das „Biblische Hebraicum"; in den kommenden Semestern betätigte er sich dann als Hebräisch-Tutor für jüngere Studierende. Bis heute ist Gerd Oevermann von der Sprache der jüdischen Bibel begeistert. „Hebräisch ist eine fremde und doch unglaublich faszinierende Sprache", findet er. Allein die Tatsache, dass es im Althebräischen nur Konsonanten und keine Vokale gibt, lässt sie exotisch und archaisch wirken. „Es ist eine kraftvolle Sprache, die einen Gedanken ganz schlicht auf den Punkt bringt." Durch die Kenntnis der hebräischen Sprache bekomme man, so Gerd Oevermann, „ein tiefes Gespür für die Vorstellungswelt der Bibel, ein Gefühl für die damalige Kultur des Heiligen Landes."

In einem späteren Semester hat er an einem Seminar über die oberrheinischen Judenpogrome zur Zeit der Kreuzzüge teilgenommen und sich mit Texten befasst, in denen jüdische Autoren in einem mittelalterlichen Hebräisch ihre Leiden beschrieben. „Da wurde mir noch einmal bewusst, dass das jüdische Leben auch in nachbiblischer Zeit weiterging." Heute ist es für Pfarrer Oevermann ein wichtiges Anliegen, in der Gemeinde ganz bewusst den jährlichen „Israel-Sonntag" zu begehen, der in besonderer Weise an das enge Verhältnis von Christen und Juden erinnert.

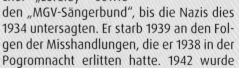
Münsterstraße Nr. 38

An der Münsterstraße Nr. 28 (heute Nr. 38) wohnten neben der Synagoge der jüdische Religionslehrer und Kantor David Dublon (*1866) und seine Frau Paula geb. Goldschmidt (*1867). David Dublon leitete den Dülmener Sängerchor „Loreley" sowie den „MGV-Sängerbund", bis die Nazis dies 1934 untersagten. Er starb 1939 an den Folgen der Misshandlungen, die er 1938 in der Pogromnacht erlitten hatte. 1942 wurde Paula Dublon nach Theresienstadt deportiert und später in Treblinka ermordet.

**Gerd Oevermann mit Hebräischer Bibel;
Prophet Jeremias auf einem liturgischen Gewand
in St. Viktor Dülmen**

**Kennkarte von David Dublon;
„Stolpersteine" für David und Paula Dublon**

„Kyrie eleison!"

Der griechische Ruf „Herr, erbarme dich" hat seinen Ursprung eindeutig nicht in der Heiligen Schrift. Er entstammt dem antiken Hofzeremoniell, bei dem das „Kyrie eleison" dem Herrscher zugerufen wurde. Allerdings hätte dieser Huldigungsruf niemals Eingang in die christliche Liturgie gefunden, wenn nicht schon im vorchristlich-hellenistischen Judentum ab ca. 250 v. Chr. die Hebräische Bibel ins Griechische übersetzt worden wäre. Die Juden der griechischsprachigen Diaspora verwendeten den Kyrios-Titel zur Übersetzung des hebräischen „Adonai" („Herr") bzw. des Gottesnamen „Jahwe".

Die Variante „Christe eleison" hat noch deutlicher einen Bezug zum Judentum, ist doch „Christus" die Übersetzung des hebräischen „Messias" bzw. des „Gesalbten": Als „Gesalbte" werden im Alten Testament von Gott erwählte Könige oder Priester bezeichnet – nicht zuletzt der erwartete Nachkommen Davids. Das Neue Testament bezieht diese jüdisch-endzeitliche Messias-Erwartung auf den auferstandenen Jesus, den Christus.

Erntedank-Gottesdienst 2016 als Freilichtveranstaltung im Außenbereich von St. Agatha Rorup

Ehemaliger jüdischer Friedhof

Zwischen 1796 und 1905 wurden auf einer Begräbnisfläche unmittelbar am Lüdinghauser Tor jüdische Verstorbene bestattet. 1937 veranlassten die Nationalsozialisten die Aufhebung des Friedhofs und die Beseitigung der Grabsteine; Exhumierungen fanden nicht statt. Seit 1979 erinnert ein Findling mit einer bronzenen Gedenkplatte an die frühere Begräbnisstätte. 1990 kam ein zweites Mahnmal hinzu: Zwei Stelen aus Anröchter Sandstein halten die beiden Teile eines „zerbrochenen" Davidsterns aus Edelstahl. Die Inschrift von 1990 wurde 2015 durch einen weiteren Text auf einer gläsernen Stele ergänzt.

Blick auf den früheren jüdischen Friedhof vor dem Lüdinghauser Tor;
Gedenkstätte auf dem ehemaligen Friedhofsgelände

„Sternstunden der Menschheit" von Stefan Zweig

Stefan Zweig, der zu den produktivsten österreichischen Autoren des 20. Jahrhunderts zählt, erblickte 1881 in Wien das Licht der Welt und starb 1942 durch Suizid in Brasilien.

Stefan Zweig wuchs in einer großbürgerlichen Industriellenfamilie auf. Die Familie praktizierte den jüdischen Glauben nicht; er sei „Jude aus Zufall", meinte Zweig einmal. Bereits während seines Philosophiestudiums schrieb Zweig für das Feuilleton verschiedener Zeitungen Essays, Erzählungen und Gedichte. Sein mondäner und ungebundener Lebensstil erfuhr mit dem Aufkommen des Nationalsozialismus bzw. des Austrofaschismus zunehmende Einschränkungen. Nach dem Einmarsch der Nazis in Österreich floh Zweig 1939 mit seiner Frau nach London, 1940 weiter nach Brasilien. Das Exilanten-Dasein verstärkten seine seit Jahren vorhandenen Depressionen. Bis heute zählt Stefan Zweig zu den meistgelesenen deutschsprachigen Autoren.

Ein besonders originelles und tiefsinniges Buch ist **„Sternstunden der Menschheit"**, das erstmals 1927 erschien und in dem in 14 „historischen Miniaturen" markante historische Situationen spannend nacherzählt werden. „Solche dramatisch geballten, solche schicksalsträchtigen Stunden, in denen eine zeitüberdauernde Entscheidung auf ein einziges Datum, eine einzige Stunde und oft nur eine Minute zusammengedrängt ist, sind selten im Leben eines Einzelnen und selten im Laufe der Geschichte", resümiert der Autor im Vorwort. – Das Werk gibt es in der Stadtbücherei Dülmen auch als Hörbuch.

Stefan Zweig auf einem fotografiertem Porträt; Buchcover von „Sternstunden der Menschheit"

Brennender Dornbusch

Die jüdische Religion bekennt, dass sich Gott mit keinem anderen Namen als den des „Seienden" und „Gegenwärtigen" mitteilt – so in einem brennenden Dornbusch gegenüber Mose: „Da sagte Mose zu Gott: Gut, ich werde also zu den Israeliten kommen und ihnen sagen: Der Gott eurer Väter hat mich zu euch gesandt. Da werden sie mich fragen: Wie heißt er? Was soll ich ihnen sagen? Da antwortete Gott dem Mose: Ich bin, der ich bin (oder: Ich bin der ,Ich-bin-da'). Und er fuhr fort: So sollst du zu den Israeliten sagen: Der Ich-bin (bzw. der Ich-bin-da) hat mich zu euch gesandt." (Ex 3,13-14) – Ein Glasbild in einem nordöstlichen Kirchenfenster von St. Viktor zeigt den brennenden Dornbusch, darüber das Dreieck als Symbol für Gott und darin das „Tetragramm": vier hebräische Schriftzeichen (Konsonanten) für den Gottesnamen „Jahwe".

Darstellung des „Tetragramm" oberhalb des brennenden Dornbusches in einem Kirchenfenster in St. Viktor

Mit biblischem Vornamen: Raphaela Schotte

So klangvoll der Name „Raphaela" auch ist: Als Kind war Raphaela Schotte geb. Ceglarek von ihrem Vornamen gar nicht so angetan. „Das lag wohl daran, dass ich von Mitschülern ‚Raffi Raffzahn' gerufen wurde", meint sie rückblickend. „Ich hatte nämlich etwas vorstehende Zähne", ergänzt sie. Das Problem wurde längst behoben – das Thema „Zähne" aber ist in gewisser Weise geblieben: Raphaela Schotte ist mit Leib und Seele Zahnarzthelferin. „Der Umgang mit den Patienten macht mir große Freude", erzählt sie. Und gerade bei den jüngeren Patienten kann ein gleichermaßen kompetentes wie einfühlsames Auftreten manche Ängste nehmen und sie beruhigen.

Dass diese Rolle durchaus auf den biblischen Erzengel Raphael verweist, ist ein schöner Zufall. Im Buch Tobit wird dem Raphael der junge Tobias anvertraut, der sich Sorgen macht angesichts einer Reise in ein unbekanntes Land. Auch die Eltern des Tobias sind beruhigt, ihr Kind in guten Händen zu wissen: „Denn ein guter Engel begleitet ihn und seine Reise wird ein gutes Ende nehmen; er wird sicherlich gesund heimkehren." (Tob 5,22)

Felix, der 2020 geborene Sohn von Raphaela und Christoph Schotte, ist stolzer Besitzer einer eigenen Arche Noah – ein Geschenk des besten Freundes seines Vaters bzw. Trauzeugen seiner Eltern.

Raphaela Schotte legt Wert darauf, dass ihr Vorname klassisch-traditionell mit „ph" geschrieben wird. Dass es aber einen eigenen Namenstag (zusammen mit Michael und Gabriel) gibt, erfuhr sie erst, als sie katholisch wurde: Es ist der 29. September. Der hebräische Name „Raphael" meint „Gott heilt" oder „Gott hat geheilt." Da sich Tobias in der biblischen Geschichte um die Heilung seines erblindeten Vaters bemüht, wird sein Begleiter Raphael in der christlichen Tradition als Schutzpatron der Kranken und Apotheker verehrt – und natürlich der Reisenden.

Schutzengel als Sandstein-Skulptur in der Bauerschaft Mitwick; Holz-Arche von Felix Schotte

„Zu dir, o Gott, erheben wir" (GL 142) – Psalm 25

1.) Zu dir, o Gott, erheben wir / die Seele mit Vertrauen. / Dein Volk erfreut sich in dir, / wollst gnädig niederschauen. / Lass leuchten, Herr, dein Angesicht, / erfüll uns mit der Gnade Licht / und schenk uns dein Erbarmen.

2.) Herr, zeige uns die Wege dein / und lehr uns deine Pfade. / Ganz nahe lass dein Wort uns sein / voll Wahrheit und voll Gnade. / Nimm du hinweg der Sünde Schuld, / mit unsrer Schwachheit hab Geduld / und schenk uns dein Erbarmen.

Text: Heinrich Bone 1851

Die Proheten Jesaja und Jeremia als Bildmotive in einem Kirchenfenster in St. Georg Hiddingsel

St. Pankratius: Osterleuchter

Der von Joseph Krautwald (1914-2003) geschaffene bronzene Osterleuchter im Altarraum von St. Pankratius nimmt einige jener alttestamentlichen Motive auf, die in der Liturgie der Osternacht vorkommen. So erkennt man den Durchzug der Israeliten durch das Rote Meer, angeführt vom tatkräftig voranschreitenden Mose. In jeder Osternacht wird im feierlich vorgetragenen „Exultet" dieses zentrale Ereignis der Befreiung aus der Sklaverei mit der Auferstehung Jesu von den Toten in Verbindung gebracht: „Dies ist die Nacht, die unsere Väter, die Söhne Israels, aus Ägypten befreit und auf trockenem Pfad durch die Fluten des Roten Meeres geführt hat."

Als weitere alttestamentliche Szene, die aus christlicher Sicht das Geschehen der Taufe vorausdeutet, ist Noah zu erkennen, wie er nach der überstandenen Sintflut die zurückkehrende Taube in Empfang nimmt. „Selbst die Sintflut war ein Zeichen der Taufe, denn das Wasser brachte der Sünde den Untergang und heiligem Leben einen neuen Anfang", lautet ein Vers beim Ritus der Taufwasserweihe in der Osternacht.

Noah in der Arche (oben) und Mose als Anführer des Volkes beim Auszug aus Ägypten (unten) als bronzenes Relief am Leuchter für die Osterkerze in St. Pankratius Buldern

Coesfelder Straße Nr. 43

An der Coesfelder Straße Nr. 31 (heute Nr. 43) wohnten die Eheleute Hugo (*1870) und Sara Pins geb. Meyer (*1870) sowie deren Tochter Charlotte (*1901). Hugo Pins war Viehhändler. Nachdem Juden ab 1939 der Grundbesitz verboten war, wurde das Haus der Familie Pins zu einem „Judenhaus" erklärt, in dem die letzten noch in Dülmen lebenden Juden zusammengepfercht wurden. Charlotte Pins wurde 1941 in Riga ermordet. Ihre Eltern wurden als die beiden letzten Dülmener Juden im Frühjahr 1942 deportiert und ebenfalls im Osten ermordet.

Kennkarte für Charlotte Pins; früheres Wohnhaus der Familie Pins; „Stolpersteine" für Charlotte, Hugo und Sara Pins

Dekalog-Tafeln

In der Sakristei der Josephskirche werden seit rd. 15 Jahren zwei „Gesetzestafeln" aufbewahrt – allerdings nur aus Pappmaché.

Du sollst neben mir keine anderen Götter haben!

Die Erfahrung lehrt: Wo Gott aus dem Leben von Menschen entschwindet, bleibt sein Platz nicht unbesetzt. Da treten Ersatzgötter an die Stelle des einen, wahren Gottes. Endliches wird absolut gesetzt, Menschliches vergöttlicht und die Wirklichkeit auf das Sichtbare und Berechenbare eingeschränkt. Das Goldene Kalb, dem Israel wie einem Gott opferte, ist ein sprechendes Symbol für die ständige Gefahr, Gott zu vergegenständlichen und unser Herz an falsche Götter zu hängen. Zum Götzen kann vieles werden: das eigene Ich, Macht, Geld, Karriere, die Arbeit, aber auch Menschen, denen wir absolute Macht über uns einräumen.

I. Gebot – Gotteslob (2016) Nr. 601,1

Erzengel Michael als Figur am Kriegerdenkmal Karthaus; Michael meint: „Wer ist wie Gott?"

„Sie entstanden seinerzeit in Rorup und waren Teil der Erstkommunionvorbereitung in St. Agatha und in St. Joseph", erinnert sich Pastoralreferentin Ursula Benneker-Altebockwinkel. Die Zehn Gebote (oder: „Dekalog", „Zehn Worte") auf zwei Tafeln darzustellen oder anzudeuten, orientiert sich an Berichten im Buch Exodus: Mose empfängt auf dem Berg Sinai von Gott zwei beschriebene steinerne Tafeln. (vgl. Ex 24,12) Nach der Rückkehr vom Sinai zerbricht Mose angesichts der Untreue Israels aus Zorn die Tafeln, fertigt aber daraufhin neue an: „Und er schrieb auf die Tafeln die Worte des Bundes, die Zehn Worte." (Ex 24, 38) Neben der Fassung in Exodus 20,2-17 gibt es eine in Details abweichende weitere Fassung in Deuteronomium 5,6-21.

Auf der weiteren Wüstenwanderung der Israeliten wurden die beiden Steintafeln als bewegliches Heilig-

tum und Sinnbild für Gottes rettende Präsenz in der Bundeslade mitgeführt. König David holte sie nach Jerusalem, wo sie später in den von Salomo errichteten Tempel gebracht wurde. Die Bundeslade mit den Dekalog-Tafeln stand dort im Allerheiligsten, das der Hohepriester nur einmal im Jahr während des Versöhnungstages (Jom Kippur) betreten durfte, um dort den Namen Gottes auszusprechen und um Sühne für das Volk Israel zu bitten. Seit der Plünderung Jerusalems unter Nebukadnezar II. gilt die Bundeslade als verschollen. – Im Neuen Testament werden die Zehn Gebote als allgemein bekannte und gültige Willenserklärung Gottes vorausgesetzt: Sie werden daher nirgends insgesamt wiederholt, sondern in verschiedenen Momenten einzeln zitiert und gedeutet.

Ursula Benneker-Altebockwinkel mit zwei „Gesetzestafeln" aus Pappmaché

Mesusa

Eine besondere Erinnerung an eine Israel-Reise befindet sich heute am Eingang des Hauses Heidelohstraße Nr. 8: eine farbig bemalte „Mesusa" aus Keramik.

Da sich Michaele Grote schon seit ihrem Theologiestudium mit dem Judentum, aber auch mit dem Holocaust befasste, lag es nahe, dass sie sich schließlich im Jahr 1991 einer Reisegruppe anschloss und für rd. zehn Tage das Heilige Land erkundete. „Besondere Bedeutung hatte für mich stets die Familiengeschichte von Abraham, die auch die enge Beziehung zwischen dem Judentum, dem Christentum und dem Islam im Sinne der abrahamitischen Ökumene verdeutlicht", erinnert sie sich 30 Jahre später. „Daher habe ich im Religionsunterricht mit nahezu allen Schülerinnen und Schülern die Beziehung zwischen Sara und Hagar und deren Söhnen Ismael und Isaak thematisiert." Und sie ergänzt: „In den Lerngruppen gab es fast immer auch muslimische Schüler, die diese Zusammenhänge durch das Opferfest besonders gut kannten." – Michaele Grote schraubte die kleine Kapsel mit hebräischem Schriftzug seinerzeit an die Haustür ihrer Wohnung in Hausdülmen, wohin sie und ihr Mann 1991 zogen und einige Jahre lebten, bevor sie nach Dülmen zogen. Die Tradition der Mesusa an der Wohnungstür wie auch an den Räumen innerhalb einer Wohnung geht auf eine Weisung im Buch Deuteronomium (vgl. Dtn 6,9 bzw. 11,20) zurück, sich zwei Varianten des „Höre Israel" in besonderer Weise zu Herzen zu nehmen: „Du sollst [diese Worte] auf die Türpfosten deines Hauses und deiner Stadttore schreiben." Michaele Grote hat die beiden vorgeschriebenen Verse seinerzeit selbst auf der Schreibmaschine getippt und die Röllchen dann in die Kapsel eingelassen. „Ich halte die alttestamentlichen Texte überhaupt für einen wertvollen Schatz", verrät sie. Sie hat schon häufiger die Kar- und Ostertage in der Abtei Herstelle verbracht: „Dort gingen mir im Stundengebet und in der Liturgie der Schwestern diese Texte besonders nahe."

Michaele Grote an der Mesusa am Eingangsbereich ihres Hauses

Alttestamentliche Lesung

Nach dem Willen des Zweiten Vatikanischen Konzils (1962-65) sollte künftig im katholischen Gottesdienst der „Tisch des Wortes Gottes reicher gedeckt" werden: Die Gemeinde soll den Reichtum der Heiligen Schrift kennenlernen und deren Sinn und Zuspruch in der Predigt erklärt bekommen. Die daraus resultierende erneuerte und erweiterte liturgische Leseordnung hat dazu geführt, dass eine Vielzahl alttestamentlicher Bibelstellen in zahlreichen Werktags- und in fast allen Sonntags- bzw. Festtagsgottesdiensten vorgetragen werden.

Im Gottesdienst wird die Lesung vom Ambo aus vorgetragen

Du sollst den Namen Gottes nicht missbrauchen!

Der Gott des Lebens will nicht in Zusammenhänge gebracht werden, die gegen das Leben gerichtet sind: Meineid, Fluch, Lüge, Verleumdung, Verfolgung und Krieg. Auch ist der lebendige Gott größer als all unsere Begriffe und Vorstellungen von ihm. Um seine Unverfügbarkeit und Größe anzuzeigen, gebraucht die Bibel viele Begriffe und Bilder: Vater, Schöpfer des Himmels und der Erde, Fels und Burg, Zuflucht und Quelle des Lebens. Er tröstet uns wie eine Mutter und begleitet uns auf all unseren Wegen. In Jesus Christus ist Gott uns Menschen nahe gekommen. Jesus Christus ist „das Ebenbild des unsichtbaren Gottes" (Kol 1,15).

II. Gebot – Gotteslob (2016) Nr. 601,2

Die Taufformel „Ich taufe dich im Namen des Vaters ..." am Taufbrunnen von St. Antonius Merfeld; hebräisches „Tetragramm" am Grabstein der Eheleute Schlieker auf dem Waldfriedhof Dülmen

Mose mit den Zehn Geboten

Auf der vierzigjährigen Wüstenwanderung der Israeliten zwischen dem Auszug aus Ägypten und dem Einzug ins Land Kanaan war der „Bundesschluss" am Berg Sinai (vgl. Ex 34) ein Schlüsselerlebnis: Gott schließt mit Mose als dem Repräsentanten des auserwählten Volkes für alle Zeiten einen Bund – und schenkt der gesamten Menschheit die Zehn Gebote, den sogenannten „Dekalog".

Am Sakramentshaus von St. Viktor aus der Zeit um 1500 wird Mose (evtl. um 1350) typischerweise als „Gehörnter" dargestellt, jedoch nicht mit den zwei Gesetzestafeln. Stattdessen hält er eine Schriftrolle hoch und gibt mittels eines Zeigestabs Erläuterungen: „Mose trat vor die Israeliten und teilte ihnen die Gebote und Bestimmungen des Herrn mit." (Ex 24,3)

Sandsteinernes Sakramentshaus (um 1500) mit Tabernakel in St. Viktor; Skulptur des Mose (um 1350) auf einem seitlichen Konsolstein am Sakramentshaus

Mit biblischem Vornamen: Joachim Fuchs

Der Vorname „Joachim" ist von den hebräischen Namen Jojakim („Jahwe richtet auf") bzw. Jojachin („Von Jahwe aufgezogen") abgeleitet, die im Alten Testament als judäische Könige der David-Dynastie genannt werden. In der christlichen Überlieferung taucht der hl. Joachim als Ehemann der hl. Anna bzw. als Vater der Mutter Jesu in sogenannten „apokryphen" Evangelien auf. Da der Großvater Jesu im Neuen Testament nicht namentlich vorkommt und überhaupt die Heiligenverehrung in der evangelischen Kirche keine Rolle spielt, empfand Joachim Fuchs als Kind keine besondere Nähe zu seinem Namenspatron. „Als ich mit 16 Jahren begann, mich für den katholischen Glauben zu interessieren", so erinnert er sich rückblickend, „wurde auch die Frage lebendig, wer mein Namenspatron eigentlich sei." Die Verehrung der heiligen Großeltern Joachim und Anna mit ihrem gemeinsamen Gedenktag am 26. Juli entfaltete sich im Spätmittelalter: Damals brachten die Gläubigen der menschlich-familiären Situation der Kindheit Jesu und insbesondere der „Heiligen Sippe" großes Interesse entgegen.

Auch Joachim Fuchs beschäftigt sich immer wieder mit der besonderen „Familienaufstellung" des Joachim: „Wie mag es gewesen sein, Vater der Mutter Gottes zu sein? War ihm bewusst, dass er an der Schwelle vom Alten zum Neuen Testament lebt und sein Enkelsohn der lang ersehnte Messias sein wird? Wie war es, mit der Mutter unseres Herrn zusammen zu leben? Hat Joachim geahnt, welche große Rolle seine Tochter in der Geschichte der Menschheit haben wird?" Joachim Fuchs hat sich gefreut, dass sein zweites Enkelkind den Namen Anna erhielt. „So wurde der 26. Juli für mich ein ganz besonderer Namenstag!" Die Rolle des hl. Joachim als Großvater kann er jetzt noch besser nachempfinden: „Mir würde auch der Gedanke gefallen, dass der kleine Jesus noch auf dem Schoß von Joachim saß."

Joachim und Anna auf einem Kirchenfenster in St. Pankratius Buldern; Joachim Fuchs mit Enkeltochter Anna

„Erhör, o Gott, mein Flehen" (GL 439) – Psalm 61

1.) Erhör, o Gott, mein Flehen, / hab auf mein Beten Acht. / Du sahst von fern mich stehen, / ich rief aus dunkler Nacht. / Auf eines Felsens Höhe / erheb mich gnädiglich. / Auf dich ich hoffend sehe: / Du lenkst und leitest mich.

2.) Du bist gleich einem Turme, / den nie der Feind bezwang. / Ich weiche keinem Sturme, / bei dir ist mir nicht bang. / In deinem Zelt bewahren / willst du mich immerdar. / Mich hüten vor Gefahren / dein schirmend Flügelpaar.

Text: Edith Stein 1936

Turmmotiv in einem Kirchenfenster in St. Pankratius Buldern

Jüdischer Friedhof

Der 1905 angelegte neue Friedhof der Dülmener jüdischen Gemeinde liegt am Kapellenweg neben dem evangelischen Friedhof. Hierher wurden 1937 nach Einebnung der Grabstätte am Lüdinghauser Tor 32 Grabsteine gebracht und aufgestellt. Am Ende des Friedhofs steht das Mausoleum der Familie Bendix in Form eines dorischen Tempels. Nach dem Zweiten Weltkrieg wurden auf einigen Grabmälern durch ergänzte Inschriften im Holocaust ermordete Angehörige verewigt.

Der Grabstein von Benjamin Wolff greift die Kontur eines „Davidsterns" auf; einige Grabdenkmäler sind aus Gussstahl gestaltet

St. Antonius: Die Kupferschlange des Mose

Zu den Bildmotiven, die der aus Dülmen gebürtige Glaskünstler Bernd Schlüter ab 1937 in die Kirchenfenster von St. Antonius Merfeld einarbeitete, gehört auch die „eherne Schlange" – aufgerichtet an einem Stab über dem Neubau der Kirche. Nach Auskunft des Buches Numeri handelte es sich um das Abbild einer Schlange aus verarbeitetem Kupfererz. Sie wurde von Mose auf Anweisung Gottes aufgestellt zur Heilung nach dem Biss giftiger Schlangen. Diese waren als Bestrafung geschickt worden, nachdem die Israeliten gegen ihre eigene Befreiung aus der ägyptischen Sklaverei rebelliert hatten. (Vgl. Num 21,4-10)

Im Johannesevangelium bezieht Jesus diese Episode während der Wüstenwanderung des Volkes Israel auf sich selbst: „Wie Mose in der Wüste die Schlange erhöhte, so muss der Menschensohn erhöht werden, damit jeder, der an ihn glaubt, nicht verloren geht, sondern ewiges Leben habe." (Joh 3,14-15) In der christlichen Kunst wurde die kupferne Schlange als vorausdeutendes Sinnbild des aufgerichteten Kreuzes von Golgota gedeutet und verarbeitet.

Die Kupferschlange des Mose oberhalb der Antoniuskirche in Merfeld

Franz Kafka: „Der Prozess"

Franz Kafka, der 1883 in Prag geboren wurde und in einer deutsch-jüdischen Familie aufwuchs, starb 1924 mit nur 40 Jahren an Lungentuberkulose in einem Sanatorium unweit Klosterneuburg.

Als Angestellter einer Prager Versicherungsgesellschaft kam Franz Kafka sowohl mit den tragischsten menschlichen Schicksalen wie auch mit der kalten Logik eines bürokratischen Systems in Berührung. Diese Erfahrungen wie auch seine eigenen Ängste und seelischen Belastungen, so eine schwierige Beziehung zum Vater oder zu Frauen, fanden Eingang in seine schriftstellerische Tätigkeit. Nur durch Zufall wurde Kafkas Nachlass nach seinem Tod vor der Vernichtung bewahrt. Kafkas Romane und Novellen sind faszinierend und irritierend zugleich – und haben den Begriff „kafkaesk" hervorgebracht, der heute auch „für außerliterarische Sachverhalte verwendet" wird und für

„Situationen und diffuse Erfahrungen der Angst, Unsicherheit und Entfremdung" sowie des Ausgeliefertseins an anonyme und bürokratische Mächte, der Absurdität, der Ausweg- und Sinnlosigkeit sowie Schuld und innere Verzweiflung" steht. (Wikipedia)

Vor allem in dem 1925 posthum veröffentlichten Roman **„Der Prozess"** dominiert diese „kafkaeske" Grundstimmung, in der der Protagonist in undurchschaubaren, bedrohlichen Situationen von düsterer Komik und Tragik agiert bzw. getrieben ist. – „Der Prozess" ist in der Dülmener Stadtbücherei als Print-, Hör- und e-Medium erhältlich.

Franz Kafka als fotografiertes Porträt; Buchcover vom „Prozess"

Marktstraße Nr. 13

In der damaligen Adolf-Hitler-Straße Nr. 37 lebte die Familie des Viehhändlers Max Cahn. Zur Familie gehörten außer Max (*1892) seine Frau Elly geb. Goldschmidt (*1895), die Kinder Liesel (*1927) und Margot (*1932) sowie die Schwiegermutter Rika Goldschmidt (*1863). Aus Angst vor der ungewissen Zukunft nahm sich der depressiv veranlagte Max Cahn 1933 das Leben. Seine Familienangehörigen lebten fortan im Haus Coesfelder Straße Nr. 43, bis ihnen 1938 die Ausreise nach Argentinien gelang.

Blick in die Marktstraße; „Stolpersteine" für Familie Cahn.

König David mit der Harfe

David war in den Jahren von 1000 bis 961 v. Chr. der zweite König von Israel. In seine Regierungszeit fällt die Einnahme Jerusalems, wohin er die Bundeslade brachte – um hier eines Tages einen Tempel und damit das Zentralheiligtum der Juden zu errichten. David gilt als Verfasser verschiedener Palmen und wird im Alten Testament als begabter Harfenspieler gewürdigt. Ferner war ihm eine gewisse Begeisterungsfähigkeit eigen: Nicht zuletzt hat er schon in jungen Jahren mit seinem Harfenspiel den depressiven König Saul aufgemuntert.

Die David-Skulptur am Sakramentshaus von St. Viktor (um 1500) stammt bereits aus dem 14. Jahrhundert und zeigt den gekrönten König mit abgestreiften Handschuhen: bereit zum Saitenspiel für den Lobpreis Gottes.

Sandsteinerne Figur (um 1350) am Sakramentshaus von St. Viktor

Antwortpsalm

Der Antwortpsalm ist ein fester Bestandteil des Wortgottesdienstes innerhalb der Heiligen Messe. Mit dem Antwortpsalm antworten die Gläubigen auf die vorausgegangene erste Lesung: Er soll den Hauptgedanken der Lesung vertiefen, ist aber auch selbst eine biblische (alttestamentliche) Lesung. Der Antwortpsalm wird in der Regel von einem Kantor gesungen oder von einem Lektor gesprochen vorgetragen; die Gemeinde stimmt ein mit der Antiphon, einem Antwortruf.

Musizierender Engel auf einem liturgischen Gewand

„Jauchzt, alle Lande, Gott zu Ehren" (GL 804) – Psalm 66

1.) Jauchzt, alle Lande, Gott zu Ehren, / rühmt seines Namens Herrlichkeit; / und feierlich ihn zu verklären, / sei Stimm und Saite ihm geweiht! / Sprecht: Wunderbar sind deine Werke, / o Gott, die du hervorgebracht; / auch Feinde fühlen deine Stärke / und zittern, Herr, vor deiner Macht.

2.) Dir beuge sich der Kreis der Erde, / dich bete jeder willig an, / dass laut dein Ruhm besungen werde / und alles dir bleib untertan. / Kommt alle her, schaut Gottes Werke, / die er an Menschenkindern tat! / Wie wunderbar ist seine Stärke, / die er an uns verherrlicht hat!

Text: unbekannt; Melodie: Frankreich um 1550

Schöpfungsdarstellung als Emaille-Medaillon auf dem Deckel des Taufbrunnens in St. Mauritius Hausdülmen

Gedenkort Eichengrün-Platz

Im Jahre 2008 wurde dem bisher namenlosen Platz im Winkel Borkener Straße / Tiberstraße der Name „Eichengrün-Platz" verliehen, um an die bis 1939 hier ansässigen jüdischen Kaufleute Gebrüder Eichengrün zu erinnern. Zugleich wurde eine „tonale Installation" von Esther Dischereit und Dieter Kaufmann eröffnet. Mittels Bewegungsmelder und Lautsprecher werden „Text- und Klangzeichen vom jüdischen Leben" abgespielt und öffentlich zu Gehör gebracht.

Straßenschild am Dülmener Eichengrünplatz; Bewegungsmelder und Lautsprecherbox der „tonalen Installation"

• STADTBÜCHEREI •

Joseph Roth: „Hiob. Roman eines einfachen Mannes"

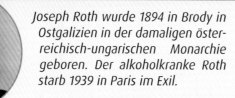

Joseph Roth wurde 1894 in Brody in Ostgalizien in der damaligen österreichisch-ungarischen Monarchie geboren. Der alkoholkranke Roth starb 1939 in Paris im Exil.

In dem 1930 erschienenen Buch **„Hiob"** schildert Joseph Roth den Leidensweg eines jüdisch-orthodoxen Tora-Lehrers aus einem russischen „Schtetl". Die Erzählung umfasst die Jahre ab 1900 bis nach dem Ersten Weltkrieg und nimmt die innere Dynamik bzw. den Handlungsduktus der alttestamentlichen Hiob-Erzählung (Buch Ijob) auf: Der fromme Jude Mendel Singer erleidet mit seiner Familie schwere Schicksalsschläge, die seine Frömmigkeit erschüttern und seinen Glauben an Gott auf eine harte Probe stellen. Auch an die biblische Erzählung von Josef und seinen Brüdern (im Buch Genesis) knüpft Joseph Roth an. Am Ende des Buches, das Roth als „Legende aus dem zwanzigsten Jahrhundert" bezeichnet hat, findet Mendel Singer im amerikanischen Exil seinen Frieden wieder und versöhnt sich mit seinem turbulenten Leben. Der Jude Joseph Roth umkreist in „Hiob" Motive wie Beheimatung, Entwurzelung und Heimkehr – an denen er persönlich aber tragisch scheiterte.

In der Dülmener Stadtbücherei ist „Hiob" sowohl als Print- wie auch als e-Medium erhältlich.

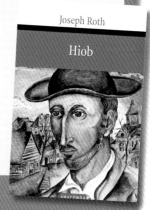

Joseph Roth als fotografiertes Porträt; Buchcover von „Hiob"

Menora

Eine Miniaturkopie der „Menora", des Siebenarmigen Leuchters aus dem Jerusalemer Tempel, ist ein klassisches Souvenir einer Pilgerfahrt nach Israel.

Auch Elisabeth Röken besitzt ein solches Exemplar aus dem Nachlass ihrer verstorbenen Eltern. „Ich fand den Leuchter nach dem Tod meines Vaters bei der Auflösung seines Haushaltes. Er stand in einem Regal im Keller." Sie ist sich nicht sicher über die Herkunft. „Vielleicht haben meine Eltern ihn von einer Reise aus dem Heiligen Land mitgebracht", vermutet sie. Die Menora ist eines des wichtigsten Symbole des Judentums. Nach biblischem Zeugnis (vgl. Exodus 25,31-39) erhielt bereits Mose den Auftrag und die Anleitung zum Bau der Menora, die künftig das Volk auf der Wüstenwanderung begleitete und später in den Tempel des Salomo aufgestellt wurde. Der Tempel wurde 586 v. Chr. zerstört, ebenso der goldene Leuchter. Erneut wurde für den Zweiten Tempel eine Menora angefertigt, die 169 v. Chr. ebenfalls einer Plünderung zum Opfer fiel. Die dritte und letzte Tempel-Menora verschleppten 70 n. Chr. die Römer nach Rom; sie könnte noch bis zum 6. Jh. existiert haben und wurde dann eingeschmolzen. Heute ziert die Menora, umrahmt von zwei Ölzweigen, das Staatswappen von Israel.

Ein größeres Exemplar des Siebenarmigen Leuchters, aus der Wallfahrtsbasilika Kevelaer ausgeliehen, stand am 11. Januar 2014 beim „Fu-

sionsgottesdienst" in St. Viktor im Altarraum und trug je eine Kerze für die sechs zusammengelegten Gemeinden sowie die gemeinsame „Fusionskerze" mit dem neuen Pfarreilogo. Ein weiterer Siebenarmiger Leuchter befindet sich in der Gemeinde St. Antonius und war jahrelang bei einer eigenen Gründonnerstagsliturgie für Kinder in Gebrauch.

Siebenarmiger Leuchter im Haushalt der Familie Röken bzw. aus der Gemeinde St. Antonius Merfeld (links im Bild); Weihbischof Dieter Geerlings im Fusionsgottesdienst 2014

Mit biblischem Vornamen: Jonas Hoppe

Was Jonas Hoppe sofort in den Sinn kommt, wenn er auf den biblischen Jona angesprochen wird, ist das Bildmotiv vom Walfisch, der den Propheten an Land spuckt. „Bis vor einigen Jahren hing ein Bild in meinem Zimmer, das diese Szene zeigt", berichtet er. Die Jona-Geschichte erzählten ihm erstmals seine Eltern, als er klein war, erinnert er sich. Später, in der Mittelstufe, war das Thema „Propheten" eine eigene Unterrichtsreihe im Religionsunterricht. „Propheten waren Überbringer göttlicher Botschaften", weiß Jonas Hoppe zu berichten. „Ich stelle sie mir vor, wie sie unter die Leute gingen und etwa auf Marktplätzen die Menschenmenge öffentlich ansprachen", ergänzt er.

Die Vorstellung vom Propheten auf dem Marktplatz hat tatsächlich eine Nähe zum Buch Jona im Alten Testament, das eines der kürzesten biblischen Bücher ist. Es erzählt davon, wie sich Jona zunächst weigert, dem Ruf Gottes zu folgen und der Stadt Ninive die Umkehr zu predigen. Auf der Flucht vor Gott wird er auf dem Meer von Seeleuten über Bord geworfen, überlebt aber im Bauch eines Fisches. Jona begibt sich daraufhin in die Stadt und rief: „Noch vierzig Tage, und Ninive wird zerstört." Die Bevölkerung von Ninive bekehrt sich und tut Buße; Menschen und Tiere tragen Bußgewänder. Am Ende wird die Stadt gerettet – was wiederum der Prophet Jona nicht nachvollziehen kann. Gott belehrt ihn, dass er aus Mitleid keine andere Wahl habe, als die Stadt vor dem Untergang zu retten.

Das schroffe und störrische Verhalten des Propheten Jona ist so gar nicht nach dem Naturell von Jonas Hoppe. „Mir gefällt an meinem Vornamen gerade, dass er weich und sanft klingt und keine so harten Konsonanten enthält", meint er.

Jona verlässt den Bauch des Walfisches; Bildmotiv auf einer Kachel in einem Dülmener Haushalt bzw. als Emaille-Medaillon auf dem Taufbrunnendeckel in St. Mauritius Hausdülmen

Gedenke des Sabbats: Halte ihn heilig!

Zur Zeit des biblischen Israel war es geradezu revolutionär: Ein Volk glaubt an einen Gott, der ausnahmslos allen, auch den Sklaven, einen Ruhetag schenkt zum Aufatmen der Seele und des Leibes. Zweifach wird dieser Ruhetag begründet: Es ist der Rhythmus Gottes selbst, den er seinem Schöpfungswerk eingestiftet hat. Und Israel soll wenigstens an einem Tag sichtbar werden lassen, dass es selbst aus der Sklaverei Ägyptens befreit worden ist. Für die Christen wurde der Sonntag als Tag der Auferstehung Jesu zum zentralen Tag der Woche. Er ist sowohl der Tag, an dem sich die Gemeinde zur gottesdienstlichen Feier versammelt, als auch ein Tag der Ruhe und Entspannung.

III. Gebot – Gotteslob (2016) Nr. 601,3

Ortseingangsschild mit Gottesdienstzeiten an der Billerbecker Straße in Dülmen

St. Mauritius: Alttestamentliche Motive am Taufstein

schaffene bronzene Haube abgedeckt, die von acht emaillierten Bildtäfelchen geschmückt wird. Sechs von diesen stellen alttestamentliche Motive dar, die in der christlichen Tradition als Vorausbild des Erlösungsgeschehen durch Christus gedeutet werden: Die Erschaffung des Menschen als Ebenbild Gottes (vgl. Gen 1,27); die Rettung der Familie des Noah während der Sintflut (vgl. Gen 7,1); die Einlösung des Opfers Isaaks durch ein Lamm (vgl. Gen 22,13); der Durchzug der Israeliten durch das Rote Meer (vgl. Ex 15,19); die Errettung der drei Jünglinge im Feuerofen (vgl. Dan 3,93); die Errettung des Jona im Bauch des Fisches (vgl. Jona 2,11).

Der historische Taufbrunnen der Hausdülmener Mauritiuskirche wurde ab den 1960er Jahren durch eine vom Sythener Kunstschmied Hugo Pfenningsdorf geschaffene

Taube und Medaillons mit biblischen Motiven auf der bronzenen Abdeckung des Taufbrunnens in St. Mauritius Hausdülmen

Marktstraße Nr. 23

Emma Pins geb. Pagener (*1861) war die älteste Dülmener Jüdin, die ein Opfer des Holocaust wurde. Seit 1933 verwitwet, betrieb sie in der damaligen Adolf-Hitler-Straße Nr. 53 ein Wollgeschäft. 1940 zog sie nach Südlohn, von dort wurde sie in das Konzentrationslager Theresienstadt deportiert und starb dort 1943.

Blick in die Marktstraße; Kennkarte und „Stolperstein" für Emma Pins

„Wer unterm Schutz des Höchsten steht" (GL 423) – Psalm 91

1.) Wer unterm Schutz des Höchsten steht, / im Schatten des Allmächtgen geht, / wer auf die Hand des Vaters schaut, / sich seiner Obhut anvertraut, / der spricht zum Herrn voll Zuversicht: / „Du meine Hoffnung und mein Licht, / mein Hort, mein lieber Herr und Gott, / dem ich will trauen in der Not."

2.) Er weiß, dass Gottes Hand ihn hält, / wo immer ihn Gefahr umstellt; / kein Unheil, das im Finstern schleicht, / kein nächtlich Grauen ihn erreicht. / Denn seinen Engeln Gott befahl, / zu hüten seine Wege all, / dass nicht sein Fuß an einen Stein / anstoße und verletzt mög sein.

Text: Michael Vehe 1537

Mose und die erhöhte Schlange (vgl. Num 21,4-10) als Motiv auf dem aus Kupferblech gefertigten Osterleuchter in St. Antonius Merfeld

St. Georg: Propheten- und Engelchöre

Dass sich nach christlichem Verständnis mit der Menschwerdung Jesu die Verheißungen des Alten Testaments erfüllen, wird auf eindringliche Weise in einem großformatigen Maßwerk oberhalb eines farbenfrohen Fensterbildes im südlichen Querhaus der Kirche St. Georg in Hiddingsel dargestellt: Engel und Propheten wohnen in der Höhe des Himmels (bzw. in insgesamt neun einzelnen Rundfenstern) der Anbetung des Jesuskindes durch die Hirten und die Sterndeuter bei. Während die fünf Engel das irdische Treiben aufmerksam beobachten, sind die vier Propheten mit der Niederschrift bzw. der Lektüre ihrer Verheißungen befasst.

Eine Variante dieses Motivs findet sich am früheren Hochaltar von St. Jakobus Weddern: Unterhalb der Altarplatte (auf dem Antependium) befinden sich auf Goldgrund gemalt die Propheten Jesaja, Jeremia und Ezechiel sowie König David; den Aufbau (das Gesprenge) zieren zwei anbetende Engel.

Engel und Propheten umgeben den Stern von Bethlehem, Glasbilder in St. Georg Hiddingsel; David und Jesaja, bemalte Blechtafeln am früheren Hochaltar von St. Jakobus Karthaus

Qumran-Rollen

Ein kleines Tongefäß birgt eine Schriftrolle mit alttestamentlichen Bibelversen: eine Erinnerung an die archäologischen Funde von Qumran.

Als vor mehr als 30 Jahren die Patin von Markus Trautmann starb, nahm er aus ihrem Nachlass einen getöpferten Miniaturkrug – darin eine kleine Schriftrolle – als Andenken an sich. Er ist jenen historischen Gefäßen nachempfunden, die 1947 in Qumran unweit des Toten Meeres entdeckt wurden: Hirten fanden sie in Felshöhlen in der Wüste. Die Krüge (mit vergleichsweise großer Öffnung und Deckel) enthielten zahlreiche in Leinen eingenähte lederne Schriftrollen. Sie wurden einst von der kleinen jüdischen Sekte der „Essener" verwendet, die sich etwa zur Zeit Jesu radikal vom öffentlichen Leben abschotteten und in einer klosterähnlichen Siedlung in der Wüste lebten. Bei den entdeckten Schriftrollen von Qumran handelt es sich um alttestamentliche Texte, die zwischen dem 3. Jh. v. Chr. und dem 1. Jh. n. Chr. abgefasst wurden. Vermutlich wurden sie während eines Aufstands gegen die Römer versteckt und blieben im trockenen Wüstenklima rd. 2000 Jahre erhalten.

Die Verwendung von Schriftrollenkrügen war im Judentum verbreitet und wird etwa beim Propheten Jeremia erwähnt: „Und vor ihren Augen befahl ich Baruch: So spricht der Herr der Heerscharen, der Gott Israels: Nimm diese Urkunden, sowohl die versiegelte Kaufurkunde als auch die nicht versiegelte Urkunde, und leg sie in ein Tongefäß, damit sie lange Zeit erhalten bleiben!" (Jer 32,13-14)

Qumran-Krug und -Schriftrollen
im Miniaturformat

Ehre Vater und Mutter!

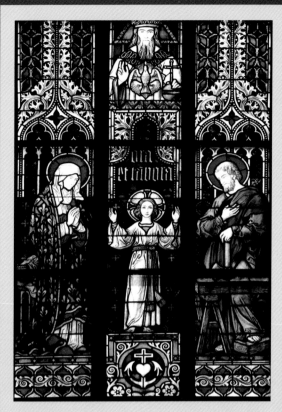

Es heißt: „Ehre!" Nicht einfach: „Gehorche!" Es geht um den respektvollen Umgang mit den Eltern und den Menschen der jeweils älteren Generation. In biblischer Zeit sollten die alten Eltern gebührend versorgt sein und schließlich ein würdiges Begräbnis erhalten. Das 4. Gebot sichert das Verhältnis der Generationen zueinander und die soziale Gerechtigkeit zwischen Jung und Alt. Es geht um eine generationenübergreifende Solidarität und die gegenseitige Verantwortung der Generationen.
Dabei sind nicht nur die Lebensbedürfnisse der Eltern, sondern auch die der Kinder zu respektieren. Kinder sind nicht der Besitz der Eltern. In gegenseitiger Wertschätzung soll sich jeder als eigenständige Person entfalten und weiterentwickeln können.

IV. Gebot – Gotteslob (2016) Nr. 601,4

FAMILIEN
ZENTRUM
NRW.

Die „Heilige Familie" als Glasbild in
St. Agatha Rorup; Schild an einer
Dülmener Kindertageseinrichtung

Alttestamentliche Kelchmotive (Sakristei)

In der Sakristei wird ein aufwändig gearbeiteter Speisekelch (Ziborum) aufbewahrt, der um 1900 in der Werkstatt J.C. Osthues in Münster entstand. Der ausladende Fuß trägt verschiedene silberne Medaillons, die biblische Szenen darstellen, mit denen die Eucharistie gedeutet werden. So befindet sich hier auch die Begegnung Abrahams mit dem Priesterkönig Melchisedek (Gen 14,18-20), die Opferung des Isaak (Gen 22,1-13) und die Übergabe der Schaubrote durch einen Tempelpriester an König David (1 Sam 21,2-7).

Speisekelch mit filigranem Deckelaufsatz (um 1900) aus der Werkstatt J.C. Osthues in Münster; das Silbermedaillon zeigt die Übergabe der Schaubrote

· STADTBÜCHEREI ·

Marga Spiegel: „Retter in der Nacht"

Marga Spiegel kam 1912 als Marga Rothschild im hessischen Oberaula zur Welt und starb 2014 in Münster. Durch den Spielfilm „Unter Bauern" ist ihr Schicksal im Münsterland ein Begriff.

Nach der nationalsozialistischen „Machtergreifung" konnte Marga Spiegel zwar noch das Abitur ablegen, wurde dann aber als Jüdin nach zwei Semestern Mathematik- und Physikstudium von der Universität Marburg ausgeschlossen. 1937 heiratete sie einen westfälischen Viehhändler und zog nach Ahlen, wo 1938 eine Tochter geboren wurde. Als im Februar 1943 die Deportation bevorstand, flüchtete Familie Spiegel zu katholischen Bauern ins südliche Münsterland, wo die Eheleute getrennt voneinander Unterschlupf erhielten. Hier überlebten sie die Kriegszeit.

1964/65 zeichnete Marga Spiegel ihre Erinnerungen auf und veröffentlichte sie bis Mai 1965 in 17 wöchentlichen Folgen in der Bistumszeitung „Kirche und Leben". 1969 erschien dann ihr Bericht als Buch unter dem Titel „**Retter in der Nacht**". Das Buch gilt heute als wichtige Quelle für die Geschichte der westfälischen Juden zur Zeit des Holocausts. In eine weitere Öffentlichkeit gelangte das Schicksal der Familie Spiegel durch die Verfilmung 2009 mit Veronica Ferres und Armin Rohde. Ein wichtiger Drehort war dabei der Hof Solke in Dülmen-Rödder. Die DVD „**Unter Bauern – Retter in der Nacht**" kann ebenfalls in der Stadtbücherei Dülmen entliehen werden.

Marga Spiegel im Jahre 2009; Buchcover von „Retter in der Nacht"; Dreharbeiten mit Veronika Ferres; Cover zur DVD „Unter Bauern"

Forum Bendix

Auf dem früheren Firmengelände der Dülmener „Spinnerei & Weberei Paul Bendix" an der Friedrich-Ruin-Straße wurde 1999 das Annette-von-Droste-Hülshoff-Gymnasium gegründet. Der Schule ist das „Forum Bendix" angegliedert: Es handelt sich um eine Aula für öffentliche Kultur- und Konferenzveranstaltungen bzw. Begegnungsformate. Auch der historische Schriftzug „Paul Bendix" an der Außenwand des früheren Fabrikgebäudes erin-

nert an den jüdischen Unternehmer Paul Bendix (1878-1932), der zum Protestantismus konvertierte. Auf dem Dülmener jüdischen Friedhof befindet sich ein eigenes Mausoleum der Familie Bendix; das Grab von Paul befindet sich auf dem benachbarten evangelischen Friedhof.

Hinter der 2002 renovierten Schauseite des früheren Lagerhauses des früheren Lagerhauses der Firma Bendix an der Lüdinghauser Straße befindet sich seit 2021 das Hotel „Weberei Bendix".

Das frühere Fabrikgebäude Bendix; Bendix-Mausoleum auf dem jüdischen Friedhof; Hotel „Weberei Bendix" an der Lüdinghauser Straße

Halleluja-Ruf

Das „Halleluja" ist die am Griechischen ausgerichtete Schreibweise des hebräischen „hallelu-Jáh" – ein liturgischer Freudengesang in der jüdischen Tradition und ein Aufruf zum Lobe Gottes. Es setzt sich zusammen aus der Aufforderung „Preiset!" (von hillel; hebr. für: preisen, verherrlichen, ausrufen) und „Jah", der Kurzform des Gottesnamens „Jahwe" – meint also wörtlich: „Lobet Jah(we)!" Verbreitet ist auch die am Lateinischen ausgerichtete Schreibweise „Alleluja". Im Alten Testament kommt das „Halleluja" in den Gesängen der Psalmen vor.

Weil das Halleluja den Osterjubel der Kirche ausdrückt, kommt er in der Österlichen Bußzeit (Fastenzeit) nicht vor und wird auch bei einem Requiem nicht als Ruf vor dem Evangelium verwendet.

Im katholischen Gottesdienst wird mit dem Halleluja-Ruf die Verkündigung des Evangeliums eingeleitet bzw. umrahmt.

Heute zählen das „Halleluja" aus dem „Messias" von Georg Friedrich Händel, das „Taizé-Halleluja" oder das „Halleluja" des jüdischen Musikers Leonard Cohen zu den bekanntesten Musikwerken der Menschheit.

„Alleluja"-Schriftzug als Fensterbild in St. Viktor; König David mit der Harfe als Bronzerelief von Joseph Krautwald in einem Dülmener Haushalt

Borkener Straße Nr. 17

Die drei unverheirateten Schwestern Julia (*1892), Bertha (*1894) und Margarethe Wolff (*1897) betrieben in der damaligen Von-Papen-Straße Nr. 19 eine Damenschneiderei. Die drei Schwestern, Schwägerinnen des 1939 nach Südamerika ausgereisten Kaufmanns Hermann Eichengrün, wurden gemeinsam 1941 nach Riga deportiert. Hier starb Julia; Bertha und Margarethe wurden 1944 im KZ Stutthof ermordet.

Kennkarten und „Stolpersteine" für die Geschwister Wolff

Mit biblischem Vornamen: Miriam Duffner

Miriam ist eine Prophetin im Alten Testament; neben Mose und Aaron gehört sie zu den Führungspersönlichkeiten der Befreiung des Volkes Israel aus der ägyptischen Sklaverei. Die bekannteste Geschichte ist sicherlich die Begleitung ihres Bruders am Schilfmeer, als sie nach der Durchquerung des Gewässers den Freudentanz und den Gesang der Frauen anstimmte. (vgl. Exodus 15,20-21)

„Für uns als praktizierende Christen war und ist es wichtig, unserem Kind einen Namen gegeben zu haben, der nicht irgendeiner momentanen Mode unterliegt, sondern seinen Ursprung in der Geschichte und insbesondere in der Bibel hat", erklärt Monika Duffner. Sie und ihr Mann Wolfgang haben ihre Tochter „Miriam" genannt. Bei der Namenspatronin hatten die beiden von Anfang an die Schwester des Mose vor Augen und im Sinn. „Wir beide haben Geschwister und das Miteinander ist uns wichtig", erläutert Wolfgang Duffner. „Wir sind füreinander da, man kann sich gegenseitig aufeinander verlassen – insbesondere dann, wenn es mal schwer ist." Und das erklärt die Sympathie für die alttestamentliche Miriam: „Für andere da zu sein, das war auch ihr wichtig", so Monika Duffner. Miriam habe ihrem neugeborenen Bruder Mose das Überleben ermöglicht und ihn nach dessen Aussetzung nicht aus dem Auge gelassen, sondern ihn im Blick behalten. (vgl. Exodus 2,1-10) „Das wünschen wir uns auch für unsere Miriam, dass sie ein Auge auf ihre Mitmenschen hat und für diese da ist", so Wolfgang Duffner. Der Name solle diesen Wunsch einmal mehr zum Ausdruck bringen.

Kachelmotiv: Miriam beobachtet wie die Tochter des Pharao beim Bade das Binsenkörbchen mit dem kleinen Mose findet; Miriam Duffner im Sommer 2021

Kloster Hamicolt: Der Tempel von Jerusalem

Inbegriff nationaler und spiritueller Identität war für jeden frommen Juden der Tempel von Jerusalem. Bis heute rührt es viele Menschen an, wenn sich jüdische Beter vor der „Klagemauer" einfinden, dem letzten Rest des 70 n. Chr. zerstörten Tempels. Auch im Neuen Testament spielt etwa die jährliche Tempelwallfahrt oder das Tempelweihfest eine gewisse Rolle. Nicht zuletzt führte die spektakuläre „Tempelreinigung" Jesu und seine provokante Kritik an der zur „Räuberhöhle" verkommenen Kultstätte zum endgültigen Bruch mit den damaligen religiösen Autoritäten (vgl. Mt 21,13).

In der Klosterkirche Maria Hamicolt ist der Jerusalemer Tempel in einem Bilderzyklus des freudenreichen Rosenkranzes von Bernd Schlüter (um 1937) abgebildet: „Jesus, den du im Tempel wiedergefunden hast." Schlüter gestaltete in weiteren Fensterbildern in Hamicolt und in St. Antonius Merfeld Anspielungen auf die Darbringung Jesu im Tempel, indem er beide Male die

beiden Tauben im Käfig darstellte, die von Maria und Josef als Tempelopfer dargebracht wurden.

Der Tempel in Jerusalem kommt auch als Kulisse verschiedener neutestamentlicher und apokrypher Bibelszenen in Kirchenfenstern des Dülmener Umlandes vor. So zeigen Kirchenfenster von Bernhard Kraus in St. Pankratius Buldern (um 1920) die legendarischen Motive „Tempelgang Mariens" und „Verlobung Mariens mit Josef" sowie die biblische „Darbringung Jesu im Tempel" (vgl. Lk 2,22-40). Für die Kirche St. Georg Hiddingsel schuf Julius Matschinski 1911 ebenfalls die „Verlobung Mariens mit Josef" in Gegenwart eines Tempelpriesters.

Darstellung des Jerusalemer Tempels, Fensterbild in der Klosterkirche Maria Hamicolt; Taubenkäfig mit den beiden Opfertieren von Maria und Josef, Fensterbild in St. Antonius Merfeld

Gebet zur Gabenbereitung: „Gepriesen bist du ..."

Zur Gabenbereitung spricht der Priester zur Darbringung von Brot und Wein (laut oder leise) Begleitgebete, die mit geringen Ergänzungen dem jüdischen „Kiddusch", dem Lobpreis zum Sabbat und anderen jüdischen Festen, entsprechen. „Gepriesen bist du, Herr unser Gott, Schöpfer der Welt! Du schenkst uns das Brot, die Frucht der Erde und der menschlichen Arbeit." (Kiddusch: „Gelobt seist du, Ewiger, unser Gott, der du das Brot aus der Erde hervorgehen lässt!") – „Gepriesen bist du ..., du schenkst uns den Wein, die Frucht der Erde und der menschlichen Arbeit." (Kiddusch: „Gepriesen bist du, Herr, unser Gott, König des Weltalls, denn du hast die Frucht des Weinstockes geschaffen.")

Messbuch, Hostienschale und Kelch, im Gebrauch in St. Viktor

Synagogenmodell

Zwei historische Dokumente und ein 3D-Drucker – und natürlich Spaß am Programmieren: Mit diesen Zutaten hat Justin Daldrup ein Kunststoffmodell der Dülmener Synagoge geschaffen.

Ein historischer Grundrissplan aus dem Stadtarchiv gibt exakt Auskunft über die Ausmaße des in der „Reichskristallnacht" zerstörten Gotteshauses in der Fläche sowie die Position von Tür- und Fensteröffnungen; an einem historischen Foto lassen sich der Aufbau und die Maße des Gebäudes in der Höhe ablesen bzw. rekonstruieren. Genau das hat Justin Daldrup getan und die so ermittelten Daten zur entsprechenden Software seines 3D-Druckers programmiert. „Der Drucker baut das komplette Gebäude von unten nach oben auf", erklärt Justin, „es mussten also keine Einzelteile zusammenge-

fügt werden, wie das sonst im Modellbau üblich ist." Auch die Vertiefungen im Mauerwerk – an den Stellen der spitzbogigen Maßwerkfenster oder des Rundfensters oberhalb des Thora-Schreins in Richtung Münsterstraße – sind unmittelbar beim Drucken ausgespart worden. Nur der schmiedeeiserne Davidstern auf dem Dachfirst wurde per Hand gefertigt und nachträglich angebracht.

Die Dülmener Synagoge wurde 1864 eingeweiht und nach schweren Verwüstungen 1938 abgebrochen. An der Alten Sparkasse an der Münsterstraße hängt zur Erinnerung eine Gedenkplatte.

Justin Daldrup mit seinem 3D-Synagogenmodell unweit des früheren Standortes der Dülmener Synagoge; Blick auf einen Chanukka-Leuchter im Innenraum der Dülmener Synagoge, 1936

„Nun jauchzt dem Herren, alle Welt" (GL 144) – Psalm 100

1.) Nun jauchzt dem Herren, alle Welt. / Kommt her, zu seinem Dienst euch stellt; / kommt mit Frohlocken, säumet nicht, / kommt vor sein heilig Angesicht.

2.) Erkennt, dass Gott ist unser Herr, / der uns erschaffen ihm zur Ehr, / und nicht wir selbst; / durch Gottes Gnad ein jeder Mensch sein Leben hat.

Text: David Denicke, 1646

David im Kampf gegen Golliath; Bildmotiv auf einer Kachel

Mit biblischem Vornamen: Judith Jacob

ihr Leben einstehen und dass das Heiligtum, der Tempel und der Altar, sich auf uns verlassen können!" (Jud 8,24) Die tapfere Judith wird am Ende durch eine List zur Retterin ihres Volkes – und durch ihr Vertrauen auf Gott: „Denn deine Macht stützt sich nicht auf die große Zahl, deine Herrschaft braucht keine starken Männer, sondern du bist der Gott der Schwachen und der Helfer der Geringen; du bist der Beistand der Armen, der Beschützer der Verachteten und der Retter der Hoffnungslosen." (Jud 9,11)

„Die Familie ist die Heimat des Herzens!" – so liest man auf einer Deko-Scheibe im Eingangsbereich der Familie Jacob. Das ist für Judith Jacob geb. Wilde mehr als nur irgendein Kalenderspruch; das ist ihre feste Überzeugung und Erfahrung: Mit ihrer Familie und darüber hinaus mit der ganzen Bauerschaft Börnste, wo sie großgeworden ist, pflegt sie bis heute eine enge Beziehung. So hat etwa das jährliche Schützenfest seinen festen Platz im Kalender. Mit ihrer Zwillingsschwester telefoniert sie mindestens einmal am Tag. Judith Jacob konnte mit ihrem alttestamentlichen Namen immer bestens leben: „Ich habe nie mit dem Vornamen gehadert, wie das ja manchmal bei Heranwachsenden vorkommt."

Auch die biblische Judith wird als jemand beschrieben, die sich stark mit ihren Angehörigen identifizierte – und deren Name sogar „Judäerin" oder „Jüdin" bedeutet. Die schöne und fromme Witwe wehrt sich gegen die durch ins Land eingedrungene Vielgötterei, weil sie der eigenen Tradition widerspricht: „Denn eines gibt es bis heute nicht: Es gibt weder einen Stamm noch eine Familie, die von Menschen gemachte Götter anbetet, wie es in früherer Zeit geschah." (Jud 8,18) Erbost ruft Judith ihr Volk zum Widerstand gegen die Besatzung der Assyrer auf: „Daher, Brüder, wollen wir jetzt unseren Stammesbrüdern beweisen, dass wir für

Judith Jacob mit Filzscheibe

Du sollst nicht morden!

Die Heilige Schrift bezeugt uns Gott als einen Gott des Lebens. Nichts steht mehr im Widerspruch zu diesem Gott als jegliche Form von Tötung. Morden meint dabei jeden unerlaubten Angriff auf das Leben eines anderen. Für Jesus beginnt der Angriff auf das Leben im Herzen des Menschen, schon weit vor dem mörderischen Tun. So können Zorn und Hassgefühle das Miteinander vergiften und verletzende Worte und Blicke Menschen töten. Gegen das Leben wird auch dort verstoßen, wo die Menschenwürde verletzt und die Lebensgrundlagen künftiger Generationen gefährdet werden.

V. Gebot - Gotteslob (2016) Nr 601,5

Mose als Figur in einer Pfingstdarstellung (sandsteinernes Relief) in St. Pankratius Buldern

Borkener Straße Nr. 8

Der Metzgermeister Josef Salomon (*1878) lebte mit Gattin Lina geb. Strauss (*1883) und Sohn Hans (geb. 1911) sowie mit seinem geistig behinderten Bruder Jakob (*1883) an der damaligen Von-Papen-Straße Nr. 10. Jakob wurde 1940 aus Haus Kannen nach Wunstorf und dann nach Brandenburg verlegt und dort Opfer der Euthanasie-Morde. Josef und Lina wurden 1941 nach Riga deportiert und dort ermordet. Ihrem Sohn Hans war 1939 die Emigration nach Holland gelungen, von dort wurde er 1942 nach Auschwitz deportiert und ermordet.

Karl Frankenberg (*1889) und Selma geb. Strauss (*1885) zogen 1938 zusammen mit ihrem Sohn Kurt (*1916) von Bork aus zu ihren Verwandten nach Dülmen. Kurt floh 1939 mit seinem Vetter Hans Salomon nach Holland; von hier wurde er deportiert und 1944 in Auschwitz ermordet. Seine Eltern siedelten 1939 in das Dülmener „Judenhaus" um und wurden 1941 nach Riga deportiert und ermordet.

„Stolpersteine" für die Familien Salomon und Frankenberg; Kennkarten der Familie Salomon

• ST. VIKTOR •

Prophetengewand

In Erinnerung an den Dienst der Angehörigen des alttestamentlichen Stammes Levi (vgl. Dtn 18,1-8) wurden vor dem Zweiten Vatikanischen Konzil in der katholischen Liturgie auch die Diakone und Subdiakone als „Leviten" bezeichnet, wenn sie dem Priester im „Levitenamt" assistierten. Aus dieser Tradition heraus ist – vermutlich zur Wiedereinweihung der Viktorkirche 1951 – eine „Tunicella" (Subdiakonengewand) entstanden, die in der Sakristei von St. Viktor aufbewahrt wird. Der Entwurf stammt von Bernhard Krampe, die Ausführung von Klara Brambrink. Vier aufwändige Stickereien auf dem Rückenteil zeigen die Propheten Jesaja, Jeremia, Ezechiel und Daniel. Ihre prägnante Mimik bzw. insgesamt die Physiognomie der vier Gestalten lassen manche Betrachter unwillkürlich an Karikaturen denken. Ein Schriftband enthält die eingestickten Psalmenworte: „Verkünden will ich deinen Namen meinen Brüdern!" (Ps 22,23)

Gesamtansicht des liturgischen Gewandes für einen Subdiakon

Marcel Reich-Ranicki: „Mein Leben"

Marcel Reich wurde 1920 im polnischen Wloclawek geboren und starb 2013 in Frankfurt. Er galt als der einflussreichste deutsche Literaturkritiker der Gegenwart.

Aufgewachsen in einer jüdischen deutsch-polnischen Mittelstandsfamilie, kam Reich-Ranicki als Schüler nach Berlin. Von hier wurde die Familie 1938 wieder nach Polen abgeschoben. Als Überlebender des Warschauer Ghettos – die Eltern und einige Geschwister wurden Opfer des Holocaust – kam Reich-Ranicki 1958 mit seiner Frau in die Bundesrepublik. Bis 1973 war er Literaturkritiker für die Wochenzeitung „Die Zeit", dann leitete er die Literaturredaktion der „Frankfurter Allgemeinen Zeitung". Einem größeren Publikum wurde der „Literaturpapst" durch das „Literarische Quartett" im ZDF bekannt, das er von 1988 bis 2001 leitete: Hier entfaltete sich eine lebhafte und kontroverse Diskussionskultur mit hohem Unterhaltungswert. Seine rigorosen und heftigen Urteile über literarische Werke bzw. deren Autoren fanden Außenstehende mitunter amüsant, waren in der Fachwelt aber nicht unumstritten. – Am 27. Januar 2012 war Reich-Ranicki Gastredner im Bundestag in der Gedenkstunde für die Opfer des Nationalsozialismus.

1999 legte Reich-Ranicki seine Autobiografie vor: Darin stellt er zu Beginn fest, dass er „kein eigenes Land, keine Heimat und kein Vaterland" habe; seine Heimat sei im Letzten die Literatur gewesen. Die 2009 erfolgte Verfilmung von **„Mein Leben"** kann als DVD in der Dülmener Stadtbücherei entliehen werden.

Marcel Reich-Ranicki im Jahre 2007; Cover zur DVD „Mein Leben"

Hermann-Leeser-Schule

Bei Baumaßnahmen für die neue Turnhalle der Dülmener Städtischen Realschule stieß man in den 1980er Jahren auf die Fundamente der früheren Weberei Leeser. Der jüdische Textilfabrikant Hermann Leeser hatte sich in den Tagen nach den Novemberpogromen von 1938 in der Haft das Leben genommen; seine Familie floh daraufhin in die Niederlande.

Zur bleibenden Erinnerung an sein Geschick sowie das seiner Angehörigen und aller Dülmener Juden heißt die Schule seit 1988 „Hermann-Leeser-Schule". Dem Gedenken an die Opfer des Nationalsozialismus widmet die Schulgemeinde seither ihr besonderes und vielbeachtetes Engagement.

Hermann-Leeser-Schule im Abendlicht; Schülerinnen und Schüler der Hermann-Leeser-Schule und der Pestalozzi-Schule bei einem Erinnerungsprojekt

Du sollst nicht die Ehe brechen!

Menschen brauchen stabile Beziehungen, auf die sie sich verlassen können und in denen sie Liebe und Geborgenheit erfahren. Das 6. Gebot schützt die eheliche Beziehung als engste und intimste personale Lebensgemeinschaft. Zu dieser Beziehung gehört auch die Sexualität. Sie prägt uns als Mann und Frau. Sie schenkt Freude und wird fruchtbar in Kindern. Damit die eheliche Partnerschaft stark und lebendig bleibt, sind die personale Würde und Freiheit jedes Partners zu achten und Grenzen in der Beziehung zu anderen einzuhalten.

VI. Gebot – Gotteslob (2016) Nr. 601,6

Die Verlobung von Maria und Josef als Bildmotiv in einem Kirchenfenster in St. Georg Hiddingsel

Kriegerdenkmal von 1897

Es entbehrt nicht einer tragischen Ironie, dass ein Angehöriger jener Volksgruppe, die im Zweiten Weltkrieg Opfer eines beispiellosen Genozids wurde, rd. 40 Jahre zuvor selbst an Militäraktionen beteiligt war, die heute ebenfalls als Völkermord anerkannt sind: Die Rede ist von dem 1874 in Dülmen geborenen jüdischen Reserve-Leutnant Joseph Bendix, der mit einer „Kaiserlichen Schutztruppe" an der Niederschlagung des Herero-Aufstands im heutigen Namibia teilnahm. Eigentlich sollte der studierte Ingenieur am Bau einer Eisenbahnlinie in Deutsch-Südwestafrika mitwirken, wurde dann aber in den Militärdienst einberufen. Am 13. März 1904 fanden Bendix und zahlreiche Kameraden in einem Hinterhalt ein grausames Ende. Bereits im September 1904 wurde sein Name in den Sockel des seit 1897 bestehenden Kriegerdenkmals unweit des Kinderwohnheims an der Lüdinghauser Straße eingemeißelt; die Inschrift hat die NS-Zeit und die Kriegszerstörungen unbeschadet überstanden.

Ebenfalls bis heute gut zu entziffern sind auf der Rückseite des Dülmener „Löwendenkmals" von 1925 die Namen von vier jüdischen Gefallenen: Julius Baumgarten (1888-1914), sein Bruder Max Baumgarten (1889-1918), Alfred Leeser (1885-1918) sowie Otto Goldschmidt (1893-1918).

Kriegerdenkmal an der Lüdinghauser Straße; Inschriften von Joseph Bendix bzw. Alfred Leeser (Löwendenkmal)

St. Agatha: Johannes der Täufer im Kirchenfenster

Johannes der Täufer steht an der Schwelle von Altem und Neuem Testament: „Als einziger der Propheten schaute er den Erlöser", heißt es in einem liturgischen Gebet am Johannistag. Sein Vater Zacharias war Tempelpriester in Jerusalem. Dass Johannes eine markante und provokante Person war, wird daran deutlich, dass er auch außerhalb der Bibel erwähnt wurde, nämlich beim jüdischen Historiker Flavius Josephus: „Den Johannes nämlich hatte Herodes hinrichten lassen, obwohl er ein edler Mann war, der die Juden anhielt, nach Vollkommenheit zu streben, indem er sie ermahnte, Gerechtigkeit gegeneinander und Frömmigkeit gegen Gott zu üben und so zur Taufe zu kommen." (Jüdische Altertümer, XVIII)

Ein strahlend-schönes Glasbild (ca. 1912) in der früheren Turmkapelle von St. Agatha Rorup zeigt, wie sich Jesus von Johannes taufen lässt. Ebenfalls wird in St. Georg Hiddingsel in einem Fensterbild (1916) die Taufe Jesu dargestellt. In St. Mauritius Hausdülmen wird eine weißgefasste Holzfigur (18. Jh.) des im Fellgewand gekleideten Täufers aufbewahrt, einst eine Altarfigur aus der Karthause Weddern. In der Dülmener Viktorkirche zeigt im alten Hochchor ein kleines sandsteinernes Relief (15. Jh.) den Bußprediger, wie er sich in kniender Haltung der Gottesmutter mit dem Kind zuwendet.

Die Taufe Jesu im Jordan als Bildmotive in Kirchenfenstern in St. Agatha Rorup bzw. in St. Georg Hiddingsel; holzgeschnitzte Figur des Täufers Johannes in St. Mauritius Hausdülmen

Sanctus: „Heilig ..."

Das gesungene oder gesprochene „Sanctus" hat einen fest vorgeschriebenen Text. Dieser hebt an mit dem dreimaligen „Heilig"-Ruf und klingt aus mit dem Jubelruf „Hosanna in der Höhe". Das hebräische „Hosanna" (oder „Hosianna") ist ein Fleh- oder Jubelruf gegenüber Gott im Sinne von „Hilf doch!" oder „Hilf bitte!"

Der liturgische Sanctus-Ruf, in der Regel gesungen, greift einen alttestamentlichen Text beim Propheten Jesaja (Jes 6,3) auf, in dem der Prophet in einer Vision die Herrlichkeit Gottes und den Gesang der himmlischen Mächte beschreibt: „Heilig, heilig, heilig ist der Herr der Heerscharen. Erfüllt ist die ganze Erde von seiner Herrlichkeit." Durch das Einstimmen in den Lobgesang der Engel weiß sich die irdische Gemeinde mit der himmlischen Gemeinschaft verbunden.

Gesticktes Rückenteil (Ausschnitt) eines Chormantels in St. Viktor Dülmen:
Mose und David umgeben den auferstandenen Christus

Mirjam Pressler: „Ich sehne mich so" / „Nathan und seine Kinder"

Mirjam Pressler wurde 1940 als Mirjam Gunkel in Darmstadt geboren. Die erfolgreiche Autorin und Übersetzerin starb 2019 in Landshut.

Mirjam Pressler, uneheliches Kind einer jüdischen Mutter, verbrachte ihre Kindheit in einer Pflegefamilie und in einem Heim. Sie studierte Kunst in Frankfurt und Sprachen in München. Danach ging sie nach Israel, um hier in einem Kibbuz zu leben. Schrittweise erfolgte eine Annäherung an das Judentum bzw. eine Besinnung auf ihre jüdischen Wurzeln. Pressler heiratete einen Israeli und gründete mit ihm eine Familie. Nach der Scheidung zog sie mit ihren drei Töchtern in eine Wohngemeinschaft und arbeitete in unterschiedlichen Jobs – bis sie als freie Schriftstellerin und Übersetzerin ihr Auskommen fand. Über 500 Bücher übersetzte Mirjam Pressler aus dem Hebräischen, dem Englischen, dem Niederländischen und dem Afrikaans ins Deutsche. Daneben verfasste sie selbst über 40 Kinder- und Jugendbücher sowie Bücher für Erwachsene. Ein herausragendes Thema vieler ihrer Werke ist der Holocaust. 1991 übersetzte sie eine erweiterte Fassung vom „Tagebuch der Anne Frank" ins Deutsche.

Mirjam Pressler erhielt als eine der erfolgreichsten deutschen Kinder- und Jugendbuchautorinnen mehrere Kinder- und Jugendbuchpreise. Zwei ihrer preisgekrönten Jugendbücher befinden sich auch in der Dülmener Stadtbücherei. 1998 erschien **„Ich sehne mich so"**, eine Lebensgeschichte der Anne Frank, deren Persönlichkeit und Schicksal Heranwachsenden erzählerisch nahegebracht wird. Der Roman **„Nathan und seine Kinder"** von 2009 ist eine Nacherzählung von Lessings Drama „Nathan der Weise" mit der berühmten „Ringparabel". Das Jugendbuch thematisiert den Dialog der drei Religionen Judentum, Christentum und Islam und wirbt für religiöse Toleranz.

Mirjam Pressler im Jahre 2012; Buchcover zu Büchern von Mirjam Pressler

Lüdinghauser Straße Nr. 5

Hermann Leeser (*1890), Mitinhaber der Dülmener Leinenweberei L. & S. Leeser und angesehener Bürger der Stadt, wohnte mit seiner Frau Rhea geb. Zondervan (*1904) und den Töchtern Helga (*1928) und Ingrid (*1932) an der damaligen Hindenburgstraße Nr. 5. Nach seiner Verhaftung in der Pogromnacht 1938 nahm sich Hermann Leeser das Leben. Daraufhin erhielt seine Gattin ihre niederländische Staatsangehörigkeit zurück und konnte mit den Töchtern nach Holland einreisen. Ab 1942 tauchten die drei in Rotterdam unter und überlebten so den Krieg.

„Stolpersteine" für die Familie Leeser; Hermann Leeser mit seinen Töchtern Ingrid und Helga im Garten, 1938

Shalom-Tafel

„Am liebsten würde ich diese Botschaft auf einem riesigen Schild nach draußen hängen, an meine Haustür", meint Elisabeth Heitkamp.

Die Rede ist von einer kleinen farbigen Keramikkachel mit dem hebräischen Schriftzug „Shalom". Diese hängt im Innern ihrer gemütlichen Wohnung, direkt neben der Tür zur Terrasse. „Der Appell zum Frieden ist doch so wichtig für unsere Welt, gerade heute", räsoniert die pensionierte Lehrerin. Seit vielen Jahrzehnten befasst sich Elisabeth Heitkamp mit dem Judentum, hat an zahlreichen Kongressen über die jüdisch-christliche Verständigung teilgenommen und auch zweimal das Heilige Land bereist.

Nach ihrer Schulzeit studierte Elisabeth Heitkamp in Münster Deutsch, Englisch und Religion für das Lehramt. Sie erinnert sich noch heute, als ihr nach einer theologischen Veranstaltung – sie kam von der Überwasserkirche und ging gerade am „Spiegelturm" über die Aa – urplötzlich bewusst wurde: „Jesus war ein Jude!" Diese schlichte Wahrheit hatte sie bislang noch nie wirklich bedacht. „Ich war wie vom Blitz getroffen!", berichtet sie. Viele Fragen drängten sich auf: „Wie war in einem christlichen Land der Holocaust möglich? Warum schwiegen die Bischöfe und die Priester, die doch täglich die jüdischen Psalmen in ihrem Brevier beteten?"

Als Lehrerin war es zeitlebens ein Anliegen von Elisabeth Heitkamp, über die jüdischen Wurzeln des christlichen Glaubens aufzuklären und zur Auseinandersetzung mit dem Judentum zu motivieren. Insbesondere die momentanen Anzeichen eines neuen Antisemitismus beunruhigen sie. Sie hat zahllose Bücher über jüdische Themen gelesen und spricht bis heute mit Leidenschaft über diese und andere kirchliche und gesellschaftliche Themen – getreu ihrer Devise:
„Man muss glühen, um andere zu entflammen!"

Keramiktäfelchen in der Wohnung von Elisabeth Heitkamp; Frau Heitkamp vor ihrer Bücherwand

Maria und die Schlange

Die sich am Boden windende („schlängelnde") Schlange ist ein alttestamentliches Symbol des Aufbegehrens gegen Gott, ein Sinnbild für Überheblichkeit und Ungehorsam, Stolz und Hochmut. Ihren Ursprung hat diese Deutung im 1. Buch Mose, wo eine Schlange das erste Menschenpaar überredet, eine Frucht vom Baum der Erkenntnis zu verzehren. Zur Strafe verflucht Gott die Schlange: „Auf dem Bauch sollst du kriechen und Staub fressen alle Tage deines Lebens. Feindschaft setze ich zwischen dich und die Frau, zwischen deinem Nachwuchs und ihrem Nachwuchs. Er trifft dich am Kopf und du triffst ihn an der Ferse." (Gen 3,14-15) Daher wird die überwundene Schlange in der christlichen Kunst meistens im Zusammenhang mit Maria (der „neuen Eva") dargestellt – so in St. Viktor in einem Fensterbild oberhalb des Taufbrunnens; auf dem Hardenberg-Gnadenbild; im Außenbereich an der bronzenen Figur vor der Kirche; in der Nische in der Außenwand des Chorraums.

Marienskulptur (1904), heute auf dem Kirchplatz von St. Viktor

Mit biblischem Vornamen: Ruth Hölscher

„Dein Vorname passt zu dir!", so bemerkte eine Schulfreundin in Kindertagen immer wieder einmal. „Irgendwie hatte sie recht", findet Ruth Hölscher geb. Ebbinghoff rückblickend. Ihr dunkler Hauttyp mag aus kindlicher Perspektive an Orient und Altes Testament erinnert haben. „Meine Freundin meinte aber wohl auch mein eher zurückhaltendes und schüchternes Wesen", in dem man tatsächlich Anklänge zur biblischen Ruth entdecken kann. Die Moabiterin Ruth (dt. „Freundschaft") heiratet in eine jüdische Familie ein, die von der Armut ins Land Moab getrieben worden war. Nach dem Tod ihres Schwiegervaters und dann auch ihres Gatten bleibt Ruth bei ihrer Schwiegermutter Noomi (dt. „Lieblichkeit"). Als diese in ihre Heimat zurückziehen möchte, besteht Ruth darauf, sie zu begleiten – auch wenn sie als Fremde in Israel mit Zurückweisung leben müsste: „Dränge mich nicht, dich zu verlassen und umzukehren. Wohin du gehst, dahin gehe auch ich, und wo du bleibst, da bleibe auch ich. Dein Volk ist mein Volk und dein Gott ist mein Gott. Wo du stirbst, da sterbe auch ich, da will ich begraben sein." (Rut 1,16-17) Diesen Schrifttext wählten Ruth Hölscher und ihr Mann für ihren Hochzeitsgottesdienst aus. „Obwohl die Worte der Ruth eigentlich nicht die Beziehung unter Eheleuten meinen", findet Ruth Hölscher, „haben sie eine starke Kraft, die auch Brautpaare als faszinierend empfinden." Auch bei anderen Trauungen, die Ruth Hölscher als Organistin begleitete, ist ihr dieser Text später wieder begegnet.

Solange Ruth Hölscher zurückdenkt, wurde in ihrer Familie stets mit einer kleinen Aufmerksamkeit am 1. September an ihren Namenstag erinnert. Wann sie sich allerdings erstmals bewusst mit ihrer Namenspatronin befasste, kann sie heute nicht mehr sagen. „Ich meine aber, dass im Umfeld meiner Erstkommunion das Motiv der Ährenleserin vorkam." In Israel wird nämlich der Großbauer Boas auf Ruth aufmerksam, als sie auf seinem Feld liegengebliebene Ähren einsammelt. Sie heiraten und werden Eltern von Obed, dem Großvater des späteren Königs David; somit gehört die Moabiterin Ruth, obwohl ursprünglich keine Jüdin, in die Ahnenfolge Jesu.

Ruth Hölscher mit Getreideähren

„Wie groß sind deine Werke, Herr!" (GL 837) – Psalm 104

1.) Wie groß sind deine Werke, Herr! / Dein Wort rief sie ins Sein! / Der hohe Berg, das weite Meer, / die ganze Welt ist dein.

2.) Du riefst den Mond ans Firmament, / du lenkst der Sonne Lauf, / dass ihren Niedergang sie kennt / und steht am Morgen auf.

(17. Jh.)

Bronzerelief von Joseph Krautwald auf dem Dülmener Waldfriedhof: Der hl. Franziskus rühmt die Größe und Schönheit der Schöpfung

Aktion „Stolpersteine"

In den Jahren 2005 bis 2008 wurden auf Gehwegen im Dülmener Stadtgebiet insgesamt 38 „Stolpersteine" verlegt. Die Initiative ging von der Hermann-Leeser-Schule aus, als eine Schülergruppe im Rahmen eines Unterrichtsprojektes über das Schicksal geflohener und deportierter jüdischer Mitbürgerinnen und Mitbürger während des NS-Regimes recherchierte. Das Projekt „Stolpersteine" wurde ursprünglich von dem Kölner Aktionskünstler Gunter Demnig ins Leben gerufen, der in zahllosen Städten jeweils persönlich die kleinen Gedenkquader an ihrer jeweiligen Stelle installiert. In den Beschlag eines Stolpersteins aus Messingblech werden jeweils die wichtigsten Lebensdaten der erinnerten Person eingestanzt, außerdem Informationen zum Zielort der Deportation bzw. Emigration. – 2011 wurden zwei „Stolpersteine" in Rorup verlegt.

HIER WOHNTE
SALLY MENDEL
JG. 1870
DEPORTIERT 1942
THERESIENSTADT
ERMORDET 1944 IN
AUSCHWITZ

Dülmener Jugendliche legen Rosen an „Stolpersteinen" ab; Gunter Demnig in Aktion

Karthaus: „Hohepriester und Schriftgelehrte"

In den neutestamentlichen Berichten von der Leidensgeschichte Jesu ist von „den Hohenpriestern, den Schriftgelehrten und den Ältesten" (vgl. Mk 14,43) die Rede; auch „der ganze Hohe Rat" (Mt 26,59) und „die führenden Männer" (Lk 23,13) sowie die Pharisäer (Joh 18,3) werden im Zusammenhang mit der Verhaftung und Verurteilung Jesu genannt. Diese jüdischen Autoritäten werden auch auf verschiedenen Stationen des Kreuzwegs, etwa in St. Jakobus oder auf dem Karthäuser Waldfriedhof, ins Bild gesetzt: in distanziert-überlegener Gestik, mit grimmiger oder herablassender Mimik, gewandet in phantasievoller Amtskleidung. Durch eine mitunter stark überzeichnete Gesichtsphysiognomie ist die Grenze zur Karikatur fließend.

Das Zweite Vatikanische Konzil hält in dem Dokument „Nostra Aetate" fest: „Obgleich die jüdischen Obrigkeiten mit ihren Anhängern auf den Tod Christi gedrungen haben, kann man dennoch die Ereignisse seines Leidens weder allen damals lebenden Juden ohne Unterschied noch den heutigen Juden zur Last legen. ... Im Bewusstsein des Erbes, das sie mit den Juden gemeinsam hat, beklagt die Kirche alle Hassausbrüche, Verfolgungen und Manifestationen des Antisemitismus, die sich zu irgendeiner Zeit und von irgendjemandem gegen die Juden gerichtet haben."

Darstellungen der Schriftgelehrten: Kreuzweg in St. Jakobus bzw. auf dem Friedhof Karthaus

Anstecker aus Yad Vashem

Der kleine Anstecker, den Dr. Andrea Peine von einer Israel-Reise mitgebracht hat, ist mit Abstand das unscheinbarste Objekt, das auf diesen Seiten vorgestellt wird.

Und doch: Dieses in Blech gestanzte Emblem der Holocaust-Gedenkstätte Yad Vashem symbolisiert zugleich die beispiellose Wucht der Herausforderung, der sich eine ehrliche Betrachtung jüdischen Lebens in Deutschland stellen muss. „Es ist ja so, dass das Interesse an der Shoah nirgendwo so groß ist wie in Deutschland und in Israel", erklärt die promovierte Pädagogin. „Täter- und Opfergeschichten: Niemand kann sich ihnen entziehen, jeder ist damit verwoben!"

Im Rahmen der Lehrerfortbildung „Erziehung nach Auschwitz" besuchte Andrea Peine erstmals im Herbst 2012 Yad Vashem unweit von Jerusalem; zwei weitere Israel-Reisen folgten in den späteren Jahren, so 2016 mit Schülerinnen und Schülern der Dülmener Hermann-Leeser-Schule. „Seit 2013 ist unsere Schule Partnerschule der ‚International School for Holocaust Studies' in Yad Vashem", erläutert die Historikerin. Sie ist fasziniert von der pädagogischen Konzeption dieses Projekts: „Es sind die Geschichten einzelner Menschen, an denen wir über den Holocaust lernen. Anstelle einer anonymen und ungreifbaren Zahl gesichtsloser Opfer rückt dieses Konzept das Individuum ins Zentrum. Durch die Nennung von Namen und Lebensgeschichten sollen die Ermordeten des Nazi-Regimes damit vor der Auslöschung aus dem Gedächtnis bewahrt werden." In diesem Sinne geht von Yad Vashem auch als Ort eine große Faszination aus: „Der Besuch des Museums zur Geschichte des Holocaust hat mich tief und nachhaltig beeindruckt", resümiert Andrea Peine. Dabei sei aber der Ansatz wichtig, dass jüdische Lebenswelten vor, während und nach dem Holocaust in den Blick kommen, „um jüdische Geschichte im europäischen Zusammenhang als wesentlichen Bestandteil europäischer Kultur begreifen zu können."

So erstaunt es kaum, dass Andrea Peine durch die engagierte schulische Erinnerungspädagogik auch eine tiefe persönliche Beziehung zum Judentum entdeckt, die sie als Bereicherung erlebt: „Die vielfältigen Begegnungen, die tiefen Gespräche, die vielen Riten und Gebräuche im Judentum, der Humor, die Vielfalt – die einem nicht nur in Israel begegnet!"

Anstecker aus Yad Vashem; Dülmener Gäste besuchen in Yad Vahem die Gedenkstätte der untergegangenen jüdischen Gemeinden; Gerda Küper und Dr. Andrea Peine mit Helga Becker Leeser im Jahre 2015

Hochgebet

Zum Eucharistischen Hochgebet gehört wesentlich die feierliche Erinnerung an die Heilstaten Gottes schon im Alten Bund. So heißt es an einer Stelle im Ersten Hochgebet: „Blicke versöhnt und gütig darauf nieder (auf die eucharistischen Gaben von Brot und Wein; Anm.) und nimm sie an wie einst die Gaben deines gerechten Dieners Abel, wie das Opfer unseres Vaters Abraham, wie die heilige Gabe, das reine Opfer deines Hohenpriesters Melchisedek."

Und im Vierten Hochgebet lautet eine Formulierung: „Immer wieder hast du den Menschen deinen Bund angeboten und sie durch die Propheten gelehrt, das Heil zu erwarten."

Ein Silbermedaillon auf einem Speisekelch in St. Viktor zeigt die Begegnung von Abraham und Melchisedek (Gen 14,18-20)

Du sollst nicht stehlen!

Zu einem Leben in Gemeinschaft gehört auch der Respekt vor dem, was einem anderen gehört. Das biblische Wort für „stehlen" umfasst Handlungen wie: entführen, rauben, ausbeuten, sich widerrechtlich aneignen, täuschen. Es geht darum, die Lebensgrundlagen des Einzelnen wie der Gemeinschaft zu schützen. Dazu gehört nicht nur der Schutz des persönlichen Eigentums, sondern auch eine gerechte Beteiligung aller Menschen an den Gütern dieser Erde. Es widerspricht dem Solidarverhalten, wenn reiche Nationen auf Kosten ärmerer Länder und die jetzige Generation auf Kosten künftiger Generationen leben. Alle sind in die Verantwortung genommen. Die Verteilungsgerechtigkeit fängt beim Konsumverhalten jedes Einzelnen an.

VII. Gebot – Gotteslob (2016) Nr. 601,7

Kachel (aus der Jerusalemer Töpferei Karakashian) im Haushalt von Michaele Grote: Mose mit den Gesetzestafeln am Berg Sinai

„Nun lobet Gott im hohen Thron" (GL 393) – Palm 117

1.) Nun lobet Gott im hohen Thron, / ihr Menschen aller Nation; / hoch preiset ihn mit Freudenschalle, / ihr Völker auf der Erden alle.

2.) Denn sein Erbarmen, seine Gnad / er über uns gebreitet hat. / Es wird die Wahrheit unsres Herren / in Ewigkeit ohn Ende währen.

Text: Caspar Ulenberg, 1582/1603

Maria preist die Größe Gottes. Bildfeld oberhalb des Portals an St. Pankratius Buldern; ganz links der Rauchopferaltar des Tempelpriesters Zacharias

Judith Kerr: „Als Hitler das rosa Kaninchen stahl"

Judith Kerr, geboren 1923 in Berlin als Tochter eines bekannten Theaterkritikers und 2019 in London verstorben, war eine britische Illustratorin und Schriftstellerin.

Nach der „Machtergreifung" der Nazis floh die jüdische Familie Kerr über die Schweiz nach Frankreich. 1935 begab sich die Familie nach London, wo sie sich zunächst in einem kleinen Hotel einquartierte. Nach dem Zweiten Weltkrieg arbeitete Judith Kerr als Lektorin und Redakteurin beim Sender BBC, später wirkte sie als freiberufliche Textildesignerin und Malerin, u.a. als Illustratorin von Kinderbüchern. Auch durch eigene Kinderbücher wurde sie in England und weit darüber hinaus bekannt. Judith Kerrs Bücher wurden in 25 Sprachen übersetzt und in insgesamt über zehn Millionen Exemplaren verkauft.

1971 veröffentlichte sie **„Als Hitler das rosa Kaninchen stahl"**, das zu einem der bekanntesten Kinderbücher über die NS-Zeit und für lange Zeit zu einem Standardwerk für den Schulunterricht wurde. Bis 2013 wurden in Deutschland 1,3 Millionen Exemplare des Buches verkauft. „Als Hitler das rosa Kaninchen stahl" bildete den Auftakt einer autobiographischen Trilogie, in deren Verlauf Anna, aus deren Perspektive die Geschichte erzählt wird, vor den Nazis flieht und in der Fremde zu einer erwachsenen Frau heranwächst. Die Trilogie beginnt im Jahr 1933 und endet in den 1950er Jahren. Die Titel der Fortsetzungen lauten: „Warten bis der Frieden kommt" und „Eine Art Familientreffen". 1978 wurde das „Rosa Kaninchen" durch den WDR verfilmt, 2019 entstand ein anrührender Kinofilm. – In der Stadtbücherei Dülmen ist die gesamte Kerr-Trilogie als Printmedium in der Kinderbuchabteilung erhältlich.

Judith Kerr im Jahre 2016; Buchcover zum „Rosa Kaninchen";
Jugendliche einer Dülmener Schule sehen den Film „Als Hitler das rosa Kaninchen stahl"

Lüdinghauser Straße Nr. 15

Die Eheleute Isidor (*1879) und Berta Davidson geb. Salomon (*1875) betrieben an der damaligen Hindenburgstraße Nr. 19 eine Metzgerei. Da die Familie die niederländische Staatsangehörigkeit besaß, flohen die Kinder Hermann (*1907) und Martha (*1911) 1933 nach Holland; die Eltern sowie die Geschwister Walter (*1910) und Adolf (*1918) folgten 1937. Martha und Adolf überlebten den Krieg; die übrige Familie wurde in den Osten deportiert und in Sobibor bzw. Auschwitz ermordet.

„Stolpersteine" für die Familie Davidson

Mit biblischem Vornamen: Elias Hoffjann

Jesus is the way.
Jesus is the way.

„Ich finde, dass ich einen Namen trage, der verbindet", meint Elias Hoffjann. Warum? „Dem Propheten Elija kommt als Verkünder des Glaubens sowohl im Judentum als auch im Christentum sowie im Islam eine wichtige Rolle zu. Es ist gerade in der heutigen Zeit wichtig, mit den verschiedensten Kulturen in einer guten Verbindung leben zu können." Gleichwohl war der biblische Prophet Elija handfesten kulturellen Konflikten ausgesetzt, etwa mit dem konkurrierenden Baals-Kult, der die jüdische Religion herausforderte. Auf dem Berg Karmel erflehte der Prophet vom Gott Israels, dass dieser das Brandopfer annehmen und Feuer vom Himmel werfen möge – mit Erfolg! (vgl. 1 Kön 18)

Auch an anderer Stelle spielt das Feuer eine Rolle: Am Ende seines Lebens wird Elija von „einem feurigen Wagen mit feurigen Pferden" in den Himmel entrückt. (vgl. 2 Kön 1) Elias Hoffjann kann dem durchaus etwas abgewinnen: „Elija ist mit einem Wagen brennend in den Himmel aufgefahren. Das wurde zu seinem Markenzeichen. Ich glaube, dass es wichtig ist im Leben, einer Leidenschaft nachzugehen und für etwas zu ‚brennen' und in einer Sache richtig aufzugehen." In den Zeiten der Pandemie habe ihm besonders der Chor gefehlt, „denn ich brenne für die Chormusik."

In der Familie Hoffjann gibt es neben dem Geburtstag und natürlich Weihnachten ein weiteres jährliches Fest: den Namenstag. „Mein Opa vom Land hat ge-

sagt ‚Geburtstag hat jede Kuh' – deshalb hat der Namenstag in unserer Familie eine wichtige Stellung. „Da ich im Juni Geburtstag habe und der Gedenktag des Elija im Juli ist, haben meine Eltern entschieden, meinen Namenstag am 24. März zu feiern." (Dann ist der Gedenktag des hl. Elias von Rommersdorf.) Dann werden die Paten und Opa eingeladen „und man trifft sich gesellig bei Kaffee und Kuchen, zum Grillen oder auch zum Frühstück – und genießt einfach die Gemeinschaft."

Stern über Juda

An der südlichen Langhausseite von St. Viktor zeigt ein vom „Katholischen Kaufmannsverein" (KKV) gestiftetes Fenster ein stilisiertes „Kreuzschiff", das Symbol des Verbandes, wie es einem aufgehenden Stern folgt. Der Schweif bzw. die nach unten weisende „Sternschnuppe" erinnert an den „Stern von Bethlehem", von dem es schon im 4. Buch Mose heißt: „Ein Stern geht auf über Jakob." (Numeri 24,17) Gemeint ist im christlichen Verständnis Betlehem, die „Stadt Davids", wohin die Weisen aus dem Morgenland, vom Stern geleitet, hinziehen: „Wo ist der neugeborene König der Juden? Wir haben seinen Stern aufgehen sehen und sind gekommen, um ihm zu huldigen." (Mt 2,2) – Somit ist auch der Stern am Himmel des KKV-Fensters in St. Viktor bewusst als sechszackiger „Davidstern" ausgeführt.

David-Stern

Die Pädagogin Gerda Küper trägt nicht selten ein Schmuckstück der besonderen Art: einen silbernen Davidstern.

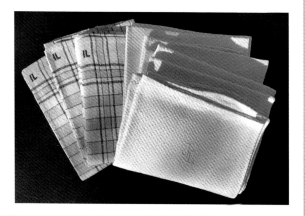

„Mir ist es wichtig, ganz persönlich ein Zeichen zu setzen", erklärt Gerda Küper auf die Frage, warum sie sich den Davidstern als Schmuckstück zugelegt hat – und das gleich zweimal: Wechselweise trägt sie den silbernen sechszackigen Stern entweder an einer Halskette oder an einem Armband. Seit vielen Jahren ist sie als Lehrerin an der Dülmener Hermann-Leeser-Schule mit verschiedensten Projekten der Erinnerungsarbeit befasst und fördert engagiert bei ihren Schülerinnen und Schülern die Auseinandersetzung mit dem Judentum und der jüdischen Vergangenheit, zumal in Dülmen. „Hin und wieder wurde ich schon mal auf Klassenfahrten oder bei Tagungen auf den Davidstern angesprochen oder gar für eine Jüdin gehalten", erinnert sich Gerda Küper. „Das geschah aber nie naserümpfend oder abwertend", ergänzt sie. Überhaupt, so ihre Beobachtung, seien die in Deutschland zunehmenden antisemitischen Tendenzen in einem eher überschaubaren Miteinander, wie sie die Dülmener Schullandschaft darstellt, nicht wirklich wahrnehmbar. „Auch der Umgang muslimischer Jugendlicher mit dem Thema Judentum ist an unserer Schule ganz entspannt", findet sie.

Das als Davidstern bezeichnete Hexagramm – zwei ineinander verwobene gleichseitige Dreiecke – gilt seit dem Spätmittelalter als ein jüdisches Erkennungszeichen und ist bis heute das wichtigste Symbol des Volkes Israel und des Judentums. Seit 1948 ziert ein blauer Davidstern auch die Staatsflagge von Israel. Hier war Gerda Küper schon dreimal, das erste Mal 2015 mit Schülerinnen und Schülern ihrer Schule. Ihre silbernen Schmuck-Davidsterne hat sie von dieser und von einer späteren Reise mitgebracht. „Als Anschauungsmaterial für den Unterricht habe ich alle möglichen Dinge in Israel eingekauft", berichtet sie, „etwa einen Gebetsschal, einen siebenarmigen Leuchter, einen Chanukka-Leuchter und natürlich die Kippa in verschiedensten Ausführungen." Gern würde sie wieder einmal nach Israel fahren. Heute weiß Gerda Küper, dass man sich bei einem Israel-Aufenthalt um die eigene Sicherheit keine Sorgen machen muss. „Die Lage dort kommt manchmal in den Medien ziemlich dramatisch rüber", meint sie. Das solle aber nicht davon abhalten, sich vor Ort mit der jüdischen Kultur zu befassen. „Denn wir haben hier eine Verantwortung", so ihre feste Überzeugung.

Gerda Küper mit ihrem Davidstern-Anhänger; Handtücher aus der Produktion der Dülmener Firma Leeser bzw. aus dem Nachlass von Ingrid Leeser. Die Textilien wurden 1938 bei der Emigration in die Niederlande als Teil der künftigen Aussteuer mitgenommen und sind heute wieder in Dülmen – im Besitz von Gerda Küper und Andrea Peine.

Hausdülmen: Jüdische Soldatengräber

Im Ersten Weltkrieg standen insgesamt rd. 1,5 jüdische Männer an allen Fronten bzw. auf beiden Seiten der Fronten unter Waffen – davon allein 500.000 bis 600.000 im Dienst des Zarenreichs. Die Anzahl jüdischer Soldaten in der russischen Armee war damit nicht nur höher als in allen anderen Heeren Europas, sondern auch weit höher als ihr Anteil an der russischen Gesamtbevölkerung. Mehr als 500 russische Soldaten verstarben als Kriegsgefangene im Dülmener Gefangenenlager Sythen; ihre Gräber wurden 1967 auf den Ehrenfriedhof Hausdülmen verlegt.

Markante Vor- oder Nachnamen auf den Grabsteinen lassen mit großer Wahrscheinlichkeit auf jüdische Soldaten schließen – so der jiddische Nachname „Musykant" (Martin Musykant, 1890-1917) oder der hebräische Vorname „Jefim", abgeleitet von Jefrem bzw.

Ephraim (Jefim Krasnow, 1891-1917). Auch der Verstorbene „Semion Naumgold" (1886-1917) dürfte jüdischer Abstammung gewesen sein.

Kriegsgräber auf dem Ehrenfriedhof in Hausdülmen

Mit biblischem Vornamen: Tobias Welling

Der Glasmaler Julius Matschinski schuf um 1911 für die Kirche in Hiddingsel ein Fensterbild, das dem alttestamentlichen Tobit und seinem Sohn Tobias gewidmet ist. Tobit lebt mit seiner Familie in der Fremde und leidet unter den Drangsalierungen der jüdischen Religion durch den assyrischen König. Dennoch lebt er streng nach der Tora und gibt unermüdlich Almosen an Bedürftige. Vor seinem Tod schickt er seinen Sohn Tobias in die Provinz Medien, wo er einst Geld hinterlegt hatte. Dieses soll sein Sohn nun holen, damit auch er künftig Gutes tue. Auf der Reise wird Tobias von Raphael begleitet, der sich aber zunächst nicht als Engel zu erkennen gibt. Das Glasbild erinnert auch an einen Vorfall beim Waschen in einem Fluss während der Reise: Ein Fisch greift Tobias an und beißt in seinen Fuß. (Tob 6,2)

Auch Tobias Welling ist schon einmal in die Ferne gewandert: Zusammen mit seiner Frau Stefanie unternahm er nach der Hochzeit eine Fußwallfahrt durch Norditalien bis nach Assisi. – „Mein Vorname meint wörtlich: Gott ist gnädig", weiß er zu berichten. „Es ist für uns Menschen gut zu wissen, dass wir auch Fehler haben dürfen", meint er. „Gott ist immer noch größer als unser begrenzter Horizont." Und auch im Umgang mit den Mitmenschen sei es wichtig, dass man nachsichtig miteinander umgeht, ergänzt er. – Auf den Namen „Tobias" kamen die Eltern Welling übrigens, als sie kurz vor der Geburt ihres Sohnes im Supermarkt mitbekamen, wie über Lautsprecher die Eltern eines kleinen Tobias aufgerufen wurden, ihr verschwundenes Kind abzuholen.

Der junge Tobias mit seinem Reisebegleiter, Bildmotiv in einem Kirchenfenster in St. Georg Hiddingsel

Bült Nr. 1

Der Viehhändler Louis Pins (*1874) war Gemeindevorsteher der jüdischen Gemeinde von Dülmen. Mit seiner zweiten Frau Jenny geb. Rosenstein (*1878) und seiner Tochter Johanna (*1906) lebte er unter der damaligen Anschrift Kirchplatz Nr. 8 in unmittelbarer Nähe zur Viktorkirche. Die Familie bemühte sich um eine Ausreise aus Deutschland, doch Louis wurde 1939 unter dem Vorwurf von „Devisenvergehen" verhaftet und nahm sich in der Untersuchungshaft in Hamburg das Leben. Frau und Tochter konnten 1940 Deutschland verlassen und gelangten nach Uruguay; sie verstarben 1946 bzw. 1982 in Montevideo.

Blick auf das Haus Pins (um 1900); Stolpersteine bzw. Kennkarten für Louis, Jenny und Johanna Pins

• LITURGIE •

„Vater unser"

Das Beten Jesu gründet im jüdischen Beten. Und auch das zentrale Gebet der Christenheit, das „Vaterunser", hat seine Wurzeln in der jüdischen Frömmigkeit. Das Vaterunser-Gebet knüpft an Gebetstraditionen des Alten Testaments an: So wird Gottes heiliger Name, sein Wille sowie seine Vergebungsbereitschaft etwa im Psalm 103 aufgegriffen, der das Erbarmen Gottes mit dem eines Vaters gegenüber seinen Kindern vergleicht. Im „Kaddisch", einem zentralen jüdischen Gebet, das ebenfalls im 1. Jahrhundert entstand, heißt es ähnlich wie im Vaterunser: *„Erhoben und geheiligt werde sein großer Name auf der Welt, die die nach seinem Willen von Ihm geschaffen wurde. Sein Reich erstehe in eurem Leben, in den eurigen Tagen und im Leben des ganzen Hauses Israel, schnell und in nächster Zeit. Und wir sprechen: Amen! Sein großer Name sei gepriesen in Ewigkeit und Ewigkeit der Ewigkeiten."* Wesentlicher Unterschied im Beten Jesu gegenüber alttestamentlichen Vorbildern ist die vertrauliche und direkte Anrede Gottes als „Abba".

„Gottvater" mit Davidstern im Hintergrund, Fensterbild in St. Pankratius Buldern

Helga Becker-Leeser: „Von allem etwas ..."

ne Einheiten gibt gerade jungen Lesern einen verständlichen Zugang zu den beschriebenen Begebenheiten. Durch die Vielfalt der eingesetzten Materialien ist das Buch nicht zuletzt auch für Historiker interessant. Das innovative Werk ist während einer Projektarbeit der Geschichts-AG an der Städtischen Hermann-Leeser-Realschule in Dülmen entstanden.

Helga Becker-Leeser erblickte 1928 als Tochter des Industriellen Hermann Leeser das Licht der Welt. Sie starb 2018 in Arnheim.

Das als „Graphic Novel" gestaltete Buch **„Von allem etwas ..."** sind die Erinnerungen von Helga Becker-Leeser, in denen die wahre Geschichte einer jüdischen Kindheit im westfälischen Dülmen während der Jahre 1928 bis 1938 und der anschließenden Zeit in Rotterdam zu Wort kommt – und ins Bild. Der Titel ist zum einen eine Anlehnung an die vielen schönen und traurigen Momente der kleinen Helga; zum anderen erinnert er an die gleichlautende Aufschrift auf einer Kladde, die Helga zusammen mit ihrer Schwester während des Aufenthaltes in der Rotterdamer Versteckwohnung für die Mutter zum Geburtstag angefertigt hat.

Mit Liebe zum Detail erzählen die bunten Illustrationen die düstere Geschichte des jüdischen Mädchens. Angereichert durch informative und fotografische Ergänzungen sowie historische Archivalien erfährt der Leser viele Hintergrundinformationen zur damaligen Zeit. Die Gliederung der erzählten Geschichte in klei-

Helga Becker-Leeser und Schwester Ingrid zu Besuch in Dülmen; mit Sohn Joost bei der Geschichts-AG

Keller Pins

Im Januar 2020 wurden im Rahmen archäologischer Grabungen die letzten baulichen Reste vom Kellergeschoss des früheren Hauses Kirchplatz Nr. 8 freigelegt. Hier lebte vor dem Zweiten Weltkrieg der jüdische Viehhändler und Gemeindevorsteher Louis Pins mit Frau und Tochter. Ein Teil der freigelegten Wand- und Gewölbemauern wurde 2022 mit einer Glaskuppel überwölbt und als öffentlicher Gedenkort gestaltet.

Archäologische Grabung im Januar 2020; Schüler legen am Holocaust-Gedenktag weiße Rosen ab

• ST. VIKTOR •

Simon von Cyrene

Simon von Cyrene kam vom Feld und geriet in den Straßen von Jerusalem in den Trubel rund um die Kreuzigung Jesu. Die römischen Soldaten zwangen ihn nach biblischem Zeugnis (vgl. z.B. Lk 23,26), Jesus beim Schleppen des Kreuzbalkens zur Hinrichtungsstätte zu unterstützen. In dieser unfreiwilligen Situation zeigt ihn die Figurengruppe (um 1500) an der Nordwand des Langhauses von St. Viktor: den „ältesten Dülmener Juden", wie die Skulptur genannt wurde. Simons Ausdruck ist (im Kontrast zum ebenfalls kreuztragenden, aber aufrechten und zugewandten Jesus) eher unvorteilhaft: buckelnde Haltung, übertriebene Hakennase, schmierige Haarlocken, grotesker „Judenhut", umgehängter Geldbeutel – eher eine Karikatur als eine Würdigung.

Simon von Cyrene hilft bei der Kreuztragung

• ZEHN GEBOTE •

Du sollst nicht falsch gegen deinen Nächsten aussagen!

Die Heilige Schrift weiß: Wenn das Gesagte nicht mehr gilt und auf Worte kein Verlass ist, wenn Lüge, Täuschung und Verrat an die Stelle von Wahrheit und Verlässlichkeit treten, ist eine Lebensgemeinschaft in ihrem innersten Kern zerstört. Deshalb fordern Gebote, Mahnungen und Propheten-Worte immer wieder die Wahrheit ein. Jesus sagt in aller Klarheit und Entschiedenheit: „Euer Ja sei ein Ja, euer Nein ein Nein" (Mt 5,37). Sein Leben war gekennzeichnet durch eine Einheit von Leben, Reden und Handeln. Er war identisch mit dem, was er sagte. Darin liegt die Glaubwürdigkeit seiner Botschaft.

VIII. Gebot – Gotteslob (2016) Nr. 601,8

Dekalog-Tafel als gemeißeltes Dekor an einem Säulenkapitell in St. Pankratius Buldern

• LIEDTEXTE •

„Wohl denen, die da wandeln" (GL 543) – Psalm 119

1.) Wohl denen, die da wandeln / vor Gott in Heiligkeit, / nach seinem Worte handeln / und leben allezeit. / Die recht von Herzen suchen Gott / und seiner Weisung folgen, / sind stets bei ihm in Gnad.

2.) Lehr mich den Weg zum Leben, / führ mich nach deinem Wort, / so will ich Zeugnis geben / von dir, mein Heil und Hort. / Durch deinen Geist, Herr, stärke mich, / dass ich dein Wort festhalte, / von Herzen fürchte dich.

Text: Cornelius Becker, 1602

Figur des Noah (1911) im Altarraum von St. Pankratius Buldern

Mit biblischem Vornamen: Daniel Breitkopf

Als Daniel Breitkopf rd. 20 Jahre nach Kriegsende geboren wurde, waren jüdische Vornamen – zumal bei Jungen – durchaus noch nicht üblich. „In meiner damaligen Umgebung war ich weit und breit der einzige mit diesem Namen", erinnert sich Daniel Breitkopf. Und er ergänzt: „In den 1990er Jahren wurde ‚Daniel' dann richtig populär und lag in der Beliebtheitsskala ganz oben." Wenn er sich als Kind gegenüber Erwachsenen vorstellte, kam ganz oft die spontane Reaktion: „Ah, Daniel in der Löwengrube!" Da war es ein drolliger Zufall, dass Daniel Breitkopf als Vorschulkind eine regelrechte schulterlange „Löwenmähne" hatte.

Der alttestamentliche Name „Daniel" bedeutet „Gott ist Richter" oder „Gott richtet". Doch Daniel Breitkopf kann sich eher mit der alttestamentlichen Erzählung von der Löwengrube identifizieren: „Da zeigt jemand Glaubensstärke und lässt sich nicht unterkriegen",

meint er, „das finde ich eindrucksvoll." Das gleichnamige Buch zählt zur apokalyptischen Literatur und beschreibt Daniel als Traumdeuter und Seher im Exil in Babylon. Er und seine Kameraden bleiben auch in feindlicher Umgebung ihrem Bekenntnis zum Gott Israels treu. Auch der Bericht von den „Jünglingen im Feuerofen" gehört zum Buch Daniel. Im Vertrauen auf Gottes Beistand sieht Daniel prophetisch den Niedergang mächtiger Weltreiche und das Kommen des ewigen Reiches Gottes. Auch der von Jesus später aufgegriffene „Menschensohn"-Titel für den kommenden Messias hat seinen Ursprung im Buch Daniel.

Daniel mit einem der Löwen aus der Löwengrube (vgl. Dan 6,2-28), Holzfigur im Altarraum in St. Pankratius Buldern

Anne-Frank-Weg

Durch das Neubaugebiet zwischen dem Barbara-Haus und dem evangelischen Friedhof führt auch eine Straße, die den Namen der vielleicht bekann-testen Jüdin des 20. Jahrhunderts trägt: der Anne-Frank-Weg. Anne Frank wurde 1929 in Frankfurt am Main geboren und emigrierte 1934 mit ihren Eltern und ihrer Schwester Margot in die Niederlande. Während der deutschen Besatzung versteckte sich die Familie ab dem Sommer 1942 zusammen mit einigen anderen Schicksalsgenossen mehr als zwei Jahre lang mitten in Amsterdam in einem unzugänglichen Hinterhaus. Während dieser Zeit des Hoffens und Bangens schrieb Anne ein umfangreiches Tagebuch, das ihr Vater Otto Frank nach dem Zweiten Weltkrieg veröffentlichte. Das Versteck der Untergetauchten wurde 1944 verraten; Anne Frank kam zunächst ins KZ Auschwitz, später nach Bergen-Belsen, wo sie im Frühjahr 1945 verstarb. Das „Tagebuch der Anne Frank" gehört heute zu den meistverbreiteten und meistübersetzten Werken der Weltliteratur: Es schildert auf anrührende Weise die Befindlichkeiten und Reflexionen einer Heranwachsenden in der quälenden Enge ihres Verstecks und in der ständigen Furcht, von den Nazis aufgespürt zu werden.

Straßenschild in Dülmen; Anne Frank als Schülerin 1941

Friedhof Rorup: Das Grab der Eheleute Mendel

Dass sich auf einem katholischen Dorffriedhof eine jüdische Grab- stätte befindet, darf als eine gro- ße Seltenheit bezeichnet wer- den. In Rorup ist dies der Fall: Am Ende des vom Haupteingang ausgehenden Weges, unmittel- bar vor dem kleinen Gerätehaus, befindet sich das Grab der Ehe- leute Abraham Samuel Mendel (1824-1907) und seiner Gattin Jet- te geb. Baumgarten (1841-1929). Die bronzene Gedenkplatte aus dem Jahr 2000 wird von einem Davidstern verziert. Während die Lebensdaten der beiden Verstor- benen in lateinischen Schriftzei- chen gesetzt sind, sind die oben- stehenden Eingangsworte „Hier ruhen ..." und der abschließende Segenswunsch auf Hebräisch formuliert.

Beim Schlusssegen handelt es sich um eine aus sechs Schrift- zeichen bestehende Abkürzung, die ausgeschrieben folgende Bedeutung haben: „Ihre Seelen mögen eingebunden sein im Bündel (oder Beutel; Anm.) des Lebens." Dieser Gedanke ist ein Zitat aus dem Ersten Buch Samu- el, wo Abigail zu ihrem späteren Ehemann David sagt: „Wenn sich aber ein Mensch erhebt, um dich zu verfolgen und dir nach dem Leben zu trachten, dann sei das Leben meines Herrn beim Herrn, deinem Gott, eingebunden in den Beutel des Lebens; das Le- ben deiner Feinde aber möge der Herr mit einer Schleuder fort- schleudern." (1 Samuel 25,29)

Gedenkstele für die Eheleute Samuel und Jette Mendel auf dem Roruper Friedhof

Kreuzweg Nr. 133

Außerhalb der Dülmener Innenstadt wohnte (sei- nerzeit Kreuzweg Nr. 111) ab 1928 die Witwe Regina Bendix geb. Lebenstein (*1887) mit ihren Kindern Friederike (*1915), Bernhard (*1917) und Walter (*1919). Während die Brüder durch die Flucht nach Südafrika überleben konnte, gingen Mut- ter und Tochter 1934 zunächst in die Nie- derlande, wurden von dort aus aber 1942 ins Vernichtungslager So- bibor deportiert und ermordet.

„Stolpersteine" für die Familie Bendix

„INRI"

„Agnus Dei"

Das barocke Kreuz in der Turmkapelle von St. Viktor trägt oberhalb des Gekreuzigten eine Tafel, die den Grund der Bestrafung angibt: „Pilatus ließ ein Schild am Kreuz anbringen, auf dem die Worte standen: ‚Jesus aus Nazareth, der König der Juden.' Viele Juden lasen diese Inschrift, die in hebräischer, lateinischer und griechischer Sprache abgefasst war. Da kamen die obersten Priester zu Pilatus und verlangten von ihm: Lass das ändern. Es darf nicht heißen: ‚Der König der Juden', sondern: ‚Er hat behauptet: Ich bin der König der Juden'." (Joh 19,19-21) Da seit 586 v. Chr. das legitime jüdische Königtum mit dem Untergang des Südreichs Juda erloschen war, war der Anspruch Jesu, ein „König" zu sein, ein klares Statement – und (in der Interpretation seiner Gegner) auch politisch brisant. Das geläufige „INRI" ist die Erinnerung an das lateinische „Iesus Nazarenus Rex Iudaeorum" – „Jesus der Nazarener, König der Juden".

Eine besonders kunstvoll gearbeitete INRI-Tafel finden wir an einem prachtvollen Kreuz in St. Jakobus Karthaus (unter der Orgelbühne), das bereits in der 1. Hälfte des 17. Jahrhunderts in der Werkstatt der münsterischen Bildhauerdynastie Gröninger entstand.

INRI-Tafel an einem Steinkreuz in St. Viktor (Turmkapelle) bzw. in St. Jakobus Karthaus

Nach dem Friedensgruß betet die Gottesdienstgemeinde das „Agnus Dei": „Lamm Gottes, du nimmst hinweg die Sünden der Welt ..." Der Priester zeigt den Versammelten das gebrochene eucharistische Brot und spricht Worte des Täufers Johannes: „Seht das Lamm Gottes, das hinwegnimmt die Sünde der Welt!" (Joh 1,29)

Die Lamm-Symbolik stammt aus dem Alten Testament: Beim Auszug der Israeliten aus der Sklaverei wurde das Blut der Pascha-Lämmer zum Schutz an die Türpfosten gestrichen: Als Gott die Erstgeborenen der Ägypter tötet, geht er an den so gekennzeichneten Häusern der Israeliten vorbei. (Ex 12,7.13) Das Pascha-fest erinnert im Judentum bis heute an den Auszug aus Ägypten; die Schlachtung von Lämmern wurde ein integrativer Teil des jüdischen Pascha-Rituals.

Im Neuen Testament wird Jesus als das Lamm Gottes gesehen, das stellvertretend für die Sünden aller Menschen sein Leben hingibt und vor dem ewigen Tod verschont, „denn als unser Pascha-Lamm ist Christus geopfert worden" (1 Kor 5,7). Die Bedeutung des Wortes „Pascha" als „vorübergehen", „hinwegschreiten" und „verschonen" wird auf Tod und Auferstehung Jesu übertragen: Die Eucharistiefeier wird als „Feier des Pascha-Mysteriums" begriffen. – In Erinnerung an das jüdische Pascha als „Fest der ungesäuerten Brote" wird auch für die eucharistischen Hostien nur ungesäuertes Brot verwendet.

Das Lamm Gottes als Schlussstein im Gewölbe von St. Viktor bzw. als Schmuck am früheren Hochaltar in St. Jakobus

Ephraim Kishon:
„Kein Applaus für Podmanitzki"

Der israelische Schriftsteller Ephraim Kishon, geboren 1924 in Budapest und 2005 in der Schweiz verstorben, gilt bis heute als einer der meistgelesenen Satiriker im deutschsprachigen Raum.

Während ein Großteil seiner jüdischen Verwandtschaft in den Gaskammern von Auschwitz ums Leben kam, konnten Kishon und seine Familie die 1944 einsetzende ungarische Judenverfolgung überleben. Nach Kriegsende entzog sich Kishon durch Flucht dem neuen kommunistischen Regime; 1949 wanderte er nach Israel ein. Hier schrieb er, der eigentlich 1942 eine Goldschmiedelehre begonnen hatte, humoristische Kurzgeschichten für Zeitungen sowie Theaterstücke und Drehbücher – mit einem Schwerpunkt auf die Darstellung des israelischen Alltags und seines Familienlebens.

„Die Weltauflage seiner Bücher liegt bei 43 Millionen (davon 33 Millionen in deutscher Sprache). Auf Hebräisch sind ca. 50 Bücher, im Deutschen etwa 70 Bücher erschienen; viele davon sind Zusammenstellungen bereits erschienener Geschichten." (Wikipedia) – Gleichwohl ist Kishon heute längst nicht mehr so populär wie vor Jahrzehnten:

Die Stadtbücherei Dülmen verfügt lediglich über **„Kein Applaus für Podmanitzki"** in einer digitalen Hörfassung: Jarden Podmanitzki ist ein mittelmäßiger Schauspieler, der noch nie allein auf der Bühne gestanden hat. In dieser Geschichtensammlung führt Kishon ihn durch die Kulissen und verrät, wie ein Schauspieler den Regisseur systematisch zum Wahnsinn bringt, dass Ovationen keine Krankheit sind, wie man Kritiker neutralisiert, beim Theater trotzdem überlebt – und warum Schauspieler niemals heiraten dürfen.

Ephraim Kishon im Porträt; Buchcover

Du sollst nicht nach der Frau deines Nächsten verlangen!

Das ist die Forderung, die Gabe der eigenen Geschlechtlichkeit und die geschlechtliche Liebe von Eigensucht freizuhalten und so die eheliche Liebe zu entfalten und vor Zerstörung zu bewahren. Vernünftige Schamhaftigkeit und zuchtvolle Keuschheit schützen den einzelnen vor Selbstsucht und ungeordneten Begehren. Eine verantwortungsbewusste Haltung gegenüber der Geschlechtlichkeit schafft die Voraussetzung für eine menschenwürdige Begegnung der Geschlechter.

IX. Gebot – Gotteslob (1975) Nr. 61

**Die Verlobung von Maria und Josef;
Fensterbild in St. Pankratius Buldern**

Klarinette und Klezmer

Der Dülmener Kirchenmusiker Christoph Falley pflegt eine ganz besondere jüdische Tradition – für die er seine Klarinette braucht: Er spielt seit rd. 30 Jahren Klezmer-Musik.

Christoph Falley studierte Ende 1991 im ersten Semester Schulmusik, als eine Kommilitonin und gute Freundin ihm eine Audio-Kassette mitsamt Noten zu „The Magic of Klezmer" von Giora Feidman zur Verfügung stellte. Seit diesem Erstkontakt lässt ihn die Faszination für diese im jiddisch-osteuropäischen Judentum entstandene Musik nicht mehr los. „Klezmer sprengt vertraute Stilgrenzen", erklärt Falley. „Aramäisch-osteuropäisch-improvisatorisch-gesanglich-melancholisch-lebensfroh-grenzenlos: Kürzer kann das Wort zur Charakterisierung sicher nicht sein", erläutert er. Und er ergänzt: „So ungefähr ist auch mein Gefühl beim Spielen dieser Musik, vielleicht mit Betonung auf das ‚grenzenlos'."

Für die Klezmer-Musik ist neben der Geige die Klarinette das geeignetste Instrument. „Für mich persönlich ist der Reiz an Klezmer die totale Verbindung mit meiner Klarinette", resümiert Christoph Falley. „Hier ist die Klarinette nicht nur ‚Werkzeug' zur Klangproduktion, sondern Teil meiner Persönlichkeit." Zwar habe er diese Beziehung auch mit anderen Instrumenten und mit anderer Musik gelernt, „aber vor allem dank der Klezmer-Musik". So typisch Geige und Klarinette zur Klezmer-Musik gehören – feste Notensätze sind dagegen eher nicht üblich. Außer dem erwähnten „The Magic of Klezmer" besitzt Falley keine weiteren Klezmer-Noten, obwohl noch immer neue Stücke komponiert und veröffentlicht werden. „Doch für meinen persönlichen Bedarf genügt es, die Aufnahmen von Giora Feidman

zu hören und ihnen mit meinen bescheidenen Mitteln hörend-nachhörend nachzueifern." Seit den Tagen des Studiums bis heute spielt Christoph Falley Klezmer in Konzerten und in Kirchen oder bei Lesungen in Bildungshäusern. In Dülmen hat er sich des Öfteren an Veranstaltungen in Verbindung mit dem Projekt „Stolpersteine" im Stadtgebiet beteiligt. Klezmer-Musik ist für Christoph Falley keine Nostalgie: „Gerade als gläubiger Katholik erlebe ich Klezmer als authentische und untrennbare Verbindung nicht nur zu meinen jüdischen Geschwistern und Vorfahren, sondern in der besonderen Klangsprache auch zu meinen muslimischen Schwestern und Brüdern!"

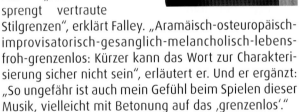

Christoph Falley mit Klarinette

„Aus tiefer Not schrei ich zu dir" (GL 277) – Palm 130

1.) Aus tiefer Not schrei ich zu dir, / Herr Gott, erhör mein Rufen; / dein gnädig Ohr neig her zu mir / und meiner Bitt es öffne; / denn so du willst das sehen an, / was Sünd und Unrecht ist getan, / wer kann, Herr, vor dir bleiben?

2.) Darum auf Gott will hoffen ich, / auf mein Verdienst nicht bauen. / Auf ihn will ich verlassen mich / und seiner Güte trauen, / die mir zusagt sein wertes Wort. / Das ist mein Trost und treuer Hort; / des will ich allzeit harren.

Text: Martin Luther, 1524

Die Rettung des Jona, Bronzerelief auf dem Deckel des Taufsteins in St. Agatha Rorup

Mit biblischem Vornamen: Susanne Falcke

Da die biblische Gestalt der Susanna in der evangelischen Bibelausgabe entweder gar nicht oder nur im alttestamentlichen Anhang „Stücke zu Daniel" vorkommt (und dieser als „Apokryphe" evangelischerseits keinen den anderen Schriften der Bibel gleichrangigen Stellenwert hat), waren Susanne Falcke die Einzelheiten der Susanna-Erzählung lange Zeit nicht vertraut. „Dass der Name ‚Lilie' bedeutet, wusste ich natürlich", erinnert sie sich, „und dass auch im Neuen Testament im Gefolge Jesu eine Susanna vorkommt." Und sie ergänzt: „Beides

fand ich immer sehr sympathisch". Und dann war da natürlich das künstlerische Motiv „Susanna im Bade", das insbesondere von der Barockmalerei aufgegriffen wurde. Erst in jüngerer Zeit hat sich Susanne Falcke mit der einschlägigen Bibel-Passage zu Susanna beschäftigt: „Das ist wirklich erstaunlich, wie genau hier eine Szene geschildert wird, in der zwei Männer ihre eigene Machtposition und die Wehrlosigkeit einer Frau ausnutzen." In der Erzählung ist sogar von zwei angesehenen „Ältesten" die Rede – doch Susanna wehrt sich gegen sie. „Das ist doch von bleibender Aktualität, dass Männer ihre soziale Stellung missbrauchen, um Frauen in Abhängigkeit zu bringen und sie auszubeuten", findet Susanne Falcke. „Wie oft befinden sich Frauen weltweit in sozialer, beruflicher oder materieller Unterlegenheit und sind damit auch sexuellen Übergriffen ausgeliefert!" Am Ende der alttestamentlichen Erzählung kann aber Daniel in letzter Minute eingreifen, die Verleumdungskampagne gegen Susanna aufdecken und die beiden übergriffigen Männer im Verhör ihrer Widersprüche überführen: „So wurde an jenem Tag unschuldiges Blut gerettet." (Dan 13,62)

Susanne Falcke in der früheren Familienbildungsstätte Dülmen, 2018

„Mein ganzes Herz erhebet dich" (GL 143) – Psalm 138

1.) Mein ganzes Herz erhebet dich; / vor dir will ich mein Loblied singen / und will in deinem Heiligtum, / Herr, dir zum Ruhm mein Opfer bringen. / Dein Name strahl an allem Ort, / und durch dein Wort wird hell das Leben. / Anbetung, Ehr und Herrlichkeit / bin ich bereit, dir, Gott, zu geben.

2.) Dein Name, Herr, ist unser Hort, / du hast dein Wort an mir erfüllet; / du hast auf mein Gebet gemerkt / und mich gestärkt, mein Herz gestillet. / Die Völker werden preisen dich / und Mächtge sich zu dir hin kehren, / wenn sie das Wort vom ewgen Bund / aus deinem Mund verkünden hören.

Text: 16. Jahrhundert

Ein Silbermedaillon auf einem Speisekelch in St. Viktor zeigt die Erprobung Abrahams (vgl. Gen 22,1-19)

Merfeld: Die Edith-Stein-Straße

Im Dülmener Ortsteil Merfeld zweigt von der Kirchstraße in südlicher Richtung die Edith-Stein-Straße ab. Edith Stein wurde als elftes Kind strenggläubiger Juden am 12. Oktober 1891 in Breslau geboren. Von 1911 bis 1913 studierte sie Germanistik und Geschichte in Breslau, außerdem von 1913 bis 1915 in Göttingen Psychologie und Philosophie. Es folgten Assistentenstellen an einem philosophischen Lehrstuhl in Göttingen und Freiburg.

In engeren Kontakt mit dem christlichen Glauben kam Edith Stein, als sie während des Ersten Weltkrieges von der Glaubenskraft einer jungen Kriegerwitwe erschüttert wurde. Auch die geistlichen Schriften der Teresa von Avila faszinierten sie. Am Neujahrstag 1922 wurde sie getauft. Nachdem sie mehrere Jahre Deutsch- und Geschichtsunterricht am Lehrerinnenseminar und im Mädchenlyzeum in Speyer erteilt hatte, folgte sie 1932 einem Ruf an das Deutsche Institut für Wissenschaftliche Pädagogik nach Münster, einer Einrichtung der Bischofskonferenz. Edith Stein hoffte durch den Wechsel nach Münster auf einen wissenschaftlichen Neubeginn; intensiv pflegte sie den Kontakt zu den Studierenden. Mit der „Machtergreifung" Hitlers 1933 fielen bald dunkle Schatten auf ihr Leben als gebürtige Jüdin. Nach antisemitischen Ausschreitungen am 1. April 1933 verfasste Edith Stein wenige Tage später einen Brief, in dem sie sich „als ein Kind des jüdischen Volkes, das durch Gottes Gnade seit elf Jahren ein Kind der katholischen Kirche ist", an Papst Pius XI. wandte, um „vor dem Vater der Christenheit auszusprechen, was Millionen von Deutschen bedrückt."

Auf Druck der Nationalsozialisten musste Edith Stein ihre Dozentenstelle am Deutschen Institut für Wissen-

schaftliche Pädagogik aufgeben. In einer intensiven Gebetszeit in der St.-Ludgeri-Kirche fasste sie den Entschluss, in den Orden der Karmelitinnen einzutreten. Im Oktober 1933 trat sie in den Karmel von Köln-Lindenthal ein; 1938 legte sie als Schwester Teresia Benedicta ihre Ewigen Gelübde ab. Unter dem Eindruck der „Reichskristallnacht" vom 9. November 1938 ging Edith Stein in den Karmel im niederländischen Echt. Doch die erhoffte Sicherheit währte nicht lange, denn schon 1940 wurden die Niederlande durch deutsche Truppen besetzt. Die deutsche Besatzungsmacht initiierte im Sommer 1942 eine Verhaftungswelle gegen Juden, die Edith Stein und ihre Schwester Rosa am 2. August 1942 erfasste. Wenige Tage später, wahrscheinlich am 9. August, wurde sie im KZ Auschwitz ermordet.

Straßenschild in Merfeld, Briefmarke, 1983

Du sollst nicht begehren deines Nächsten Hab und Gut! (X.)

Das ist die Forderung, das Eigentum des Nächsten zu respektieren und verantwortlich mit eigenem und fremdem Gut umzugehen. Denn geordnete und sichere Besitzverhältnisse sind die Grundlage für die Entfaltung geistiger und kultureller Werte im Leben des einzelnen und der Gemeinschaft. Das verpflichtet zu gewissenhafter Arbeit und verantwortungsbewusster Nutzung der Sachgüter, die Gottes Schöpfung für den Menschen bereithält.

X. Gebot – Gotteslob (1975), Nr. 61

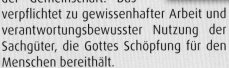

Der Geldbeutel des Judas, Detail an der steinernen Passionssäule in St. Viktor Dülmen

Deborah Feldman: „Unorthodox"

Deborah Feldman kam 1986 in New York zur Welt und wuchs in einer ultraorthodoxen jüdischen Gemeinschaft auf. Heute lebt sie in Deutschland.

Ihr 2012 erschienener autobiographischer Debütroman **„Unorthodox"** beschreibt Debora Feldmans Kindheit und Jugend im New Yorker Stadtteil Williamsburg unter den Satmarer Chassiden, die sich nach dem Krieg aus ungarischen Holocaust-Überlebenden gründeten. Die Anhänger dieser nach strengsten Regeln Lebenden betrachten den Holocaust als Gottes Strafe für mangelnde Frömmigkeit und gesellschaftliche Anpassung der europäischen Juden. Die Satmarer Juden leben ein abgeschiedenes Leben, dessen religiöse Vorschriften weit in das Privatleben hineinreicht. Mit 17 Jahren ging Deborah Feldman eine arrangierte Ehe ein, mit 19 brachte sie ihren Sohn zur Welt. Als der Junge drei Jahre alt wurde, verließ sie ihre Community und hat seitdem auch persönlich mit der jüdischen Religion gebrochen, wenngleich das Judentum weiterhin Thema ihrer Vorträge und Texte ist. Sie lebt mit ihrem Sohn heute in Berlin. – 2016 erschien „Unorthodox" von Deborah Feldmann in deutscher Sprache und kann in der Stadtbücherei Dülmen ausgeliehen werden.

Deborah Feldmann bei einer Lesung; Buchcover

Die Heilige Stadt Jerusalem

Nicht ein jüdischer Gedenkort im engeren Sinne, wohl aber eine alttestamentliche Erinnerung befindet sich auf dem Dülmener Waldfriedhof: Eine aus Sandstein gehauene Stele auf dem Grab von Dr. Martin Grote (1954-2020) stellt die „Stadt Gottes" dar; geschaffen wurde sie von Ingo Grethmann aus Havixbeck.

In vielen alttestamentlichen Schriften findet die Sehnsucht nach „Zion" und der „Heiligen Stadt" als dem Ort der besonderen Gegenwart Gottes ihren Ausdruck. „Ich freute mich, als man mir sagte: Zum Haus des Herrn wollen wir pilgern", heißt es in einem Wallfahrtspsalm. „Schon stehen wir in deinen Toren, Jerusalem: Jerusalem, du starke Stadt, dicht gebaut und fest gefügt." (Ps 122) – In späterer Zeit wurde die Vorstellung vom jüdischen Nationalheiligtum zu einer Vision eines endzeitlichen Pilgerziels geweitet: „Am Ende der Zeiten wird es geschehen: / Der Berg mit dem Haus des Herrn steht fest gegründet als höchster der Berge. / Zu ihm strömen alle Völker. / Denn vom Zion kommt die Weisung des Herrn, / aus Jerusalem sein Wort." (Jes 2,2.3)

Grabstele mit der Darstellung Jerusalems auf dem Dülmener Waldfriedhof

Akten und Dokumente im Stadtarchiv

Der Dülmener Stadtarchivar Dr. Stefan Sudmann verwahrt und pflegt auf ganz besondere Weise Spuren jüdischer Vergangenheit: In seinem Archivbestand finden sich zahlreiche historische Akten zur „Judenschaft", die bis ins 16. Jahrhundert zurückreichen. „Das eigentliche Stadtarchiv hat den Krieg fast unbeschädigt überstanden", erklärt er. Daher liegen ihm heute zahlreiche die Dülmener Juden betreffende Unterlagen aus der Fürstbischöflichen Zeit, aus der Phase der Arenberger und der Franzosen bis in die preußische Zeit und somit bis ins 20. Jahrhundert vor. „Wir haben hier zahlreiche Primärquellen, deren Auswertung mitunter reiche Auskunft gibt über persönliche Lebensläufe jüdischer Bürger oder deren gesellschaftliche Situation." Ein Protokollbuch von 1813 erinnert an die Zeit, als die Juden einen festen Familiennamen annehmen mussten. „Das Protokoll von 1813 ist das erste Dokument, das einen detaillierteren Einblick in die jüdischen Familien gibt", erläutert der Archivar, „weil die Familienoberhäupter da auch Angaben zu ihren Kindern und Enkeln machten".

Eine markant-makabre Hinterlassenschaft kommunaler Verwaltungstätigkeit stellen die Kennkarten des Einwohnermeldeamtes aus der NS-Zeit dar: In sie wurde bei den jüdischen Bewohnerinnen und Bewohnern Dülmens der Beiname „Israel" bzw. „Sara" eingetragen sowie das obligatorische „J" eingestempelt. „Vor etlichen Jahren erhielten wir aus einem privaten Nachlass sogar originale Ausweispapiere einer Dülmener jüdischen Familie", erinnert sich Sudmann, „daneben noch den Reisepass von Rika Goldschmidt geb. Stern." Auch die von Helga Becker-Leeser (1928-2018) erstellte Chronik ihrer Familie sowie die zahlreichen vom Heimatforscher Heinz Brathe (1922-2008) gesammelten Rechercheergebnisse zum jüdischen Leben in

Dülmen werden im Stadtarchiv Dülmen aufbewahrt und können jederzeit eingesehen und ausgewertet werden.

„Wir verstehen uns als außerschulische Bildungseinrichtung", erläutert Dr. Sudmann. „Willkommen sind Schulklassen, Gruppen, Kurse und einzelne Schülerinnen und Schüler aller Schulformen und Jahrgangsstufen – sei es für einfache Führungen zur ersten Kontaktaufnahme mit dem Archiv, Quellenarbeit in kleinen Gruppen oder zur Anfertigung von Referaten, Facharbeiten oder Beiträgen für Geschichtswettbewerbe."

Dr. Stefan Sudmann mit Archivalien

• LETZTE WOHNORTE •

Rorup Kirchplatz

An der Kirche St. Agatha erinnern eine Gedenkplatte bzw. seit 2011 zwei „Stolpersteine" an die 1944 in Auschwitz ermordeten Eheleute Sally (*1877) und Julia Mendel (*1882), die letzten Angehörigen der seit 1809 in Rorup ansässigen jüdischen Familie. Sally Mendel war Viehhändler und Schlachter. 1910 hatte Sally Mendel hier ein Haus erworben und im selben Jahr geheiratet. Seine Gattin Julia zog mit einem Handkarren umher und betrieb ein kleines Wandergewerbe.

Erinnerungstafel bzw. Stolpersteine für Sally und Julia Mendel

Schädel von Golgotha

Aaronitischer Segen

Die Kreuzigungsstätte Jesu vor den Toren der Stadt wird im Neuen Testament mit dem hebräischen Namen „Golgotha" bezeichnet: „Schädelhöhe". Schon in der christlichen Antike wird der „Ort des Schädels" mit dem angeblich dort begrabenen Schädel bzw. den Gebeinen des Adam in Verbindung gebracht. Dies zeigt ein Detail im Gesprenge des gotischen Tabernakels in St. Viktor: Unterhalb des Kreuzesstammes erkennt man einen zutage beförderten Totenkopf. Die Aussage ist eher theologisch als historisch zu verstehen: Das Erlösungsopfer Jesu umfasst auch die „Unterwelt" und die ganze Menschheit „seit Adam". Christus ist als der „neue Adam" der Erstgeborene einer neuen Schöpfung. (Vgl. Röm 5,12 bzw. 1 Kor 15,20)

Im alttestamentlichen Buch Numeri (Num 6,24) offenbart Gott dem Mose und seinem Bruder Aaron sowie dessen Söhnen einen bestimmten Segen, der auf das ganze Volk Israel gelegt, also den Israeliten zugesprochen werden soll. Dieser „Aaronitische Segen" wurde nach dem Zweiten Vatikanischen Konzil in der Hl. Messe neu eingeführt und ist seitdem einer von fünf Auswahltexten für den Schlusssegen an den Sonntagen im Jahreskreis – stets verbunden mit der „trinitarischen Formel" und dem Kreuzzeichen.

Der Text lautet: „Der Herr segne dich und behüte dich. Der Herr lasse sein Angesicht über dich leuchten und sei dir gnädig. Der Herr wende sein Angesicht dir zu und schenke dir Heil."

Schädel des Adam zu Füßen des Kreuzes von Gogotha, das Maria Magdalena umarmt

Aaron als Figur in einer Pfingstdarstellung (sandsteinernes Relief) in St. Pankratius

Nachwort

Die Gläubigen in ihrem Glauben zu stärken und viele Menschen zu einem tieferen Nachdenken über ihren Platz „im Bündel des Lebens" anzuregen - das ist die Intention des Herausgebers mit diesem Büchlein. In aufwändiger Kleinarbeit werden hier Orte und Gegenstände erfasst und beschrieben, die auf der Grundlage von Schriftstellen der Thora oder des Alten Testaments einen Bezug zum jüdisch-christlichen Leben über lange Zeit auch in Dülmen haben. Es sind Orte und Gegenstände, die wenig bekannt sind und an denen die Menschen in ihrem Alltagsleben oft achtlos vorübergehen. Dennoch sind es historische Zeugnisse, die eine verstärkte Aufmerksamkeit verdient haben, eine Aufmerksamkeit nicht nur im religiösen Dialog, sondern auch im Rahmen von historischer Erinnerungsarbeit.

Das Jahr 2021 wird in Deutschland als Festjahr „1700 Jahre jüdisches Leben in Deutschland" gefeiert. Es ist u.a. das Ziel, jüdisches Leben und Geschichte der vergangenen Jahrhunderte sichtbar und erfassbar zu machen. Bundesweit gibt es 2021 über eintausend Veranstaltungen religiöser, kultureller, wissenschaftlicher und politischer Art, die auf die Bedeutung des Judentums für die deutsche Kultur und Geschichte verweisen - wie Konzerte, Ausstellungen, Vorträge, Diskussionen, Theateraufführungen, lokale Spurensuche, Buchveröffentlichungen und vieles mehr.

In seinem Grußwort in der „Jüdischen Allgemeinen" führt Bundespräsident Frank-Walter Steinmeier aus, „ich glaube, vielen Menschen ist gar nicht bewusst, wie tief das Judentum verwoben ist mit der Geschichte und Kultur unseres Landes, wie sehr es sie mitgeschrieben und geprägt hat." (vgl. Magazin der Jüdischen Allgemeinen: „1700 Jüdisches Leben in Deutschland", 2021, S. 3) Auch die ehemalige Bundeskanzlerin Angela Merkel stellt fest: „1700 Jahre jüdisches Leben in Deutschland - das sind Jahre der kulturellen Blüte, aber auch Jahre tiefer Unmenschlichkeit. Unvergessen bleibt, was jüdischen Familien angetan wurde durch Ausgrenzung und Verleumdung, durch grausame Pogrome - immer wieder, über Jahrhunderte hinweg. Das dunkelste Kapitel deutsch-jüdischer Geschichte bildet dabei der unfassbare Zivilisationsbruch der Schoa. ... Vor dem Hintergrund der Schoa nimmt es sich wie ein Wunder aus, dass wir heute in Deutschland wieder eine lebendige jüdische Gemeinschaft haben, die drittgrößte in Europa." (Jüdische Allgemeine, Magazin, a.a.O., S.5)

> *Das dunkelste Kapitel der deutschen Geschichte, der Nationalsozialismus und das Menschheitsverbrechen des Holocaust, lässt Theodor Schwedmann nicht los. Wie konnte geschehen, was damals geschah? Wie konnte aus Vorurteilen und Hass millionenfacher Menschenmord werden? Und: Was können wir selber gegen das schleichende Gift des Antisemitismus tun? Gerade junge Menschen, aber auch ihre Lehrerinnen und Lehrer brauchen Antworten auf diese Fragen. Theodor Schwedmann geht einen ganz neuen Weg. Er fährt ins Land der Opfer. In Kooperation mit der „International School for Holocaust Studies" Yad Vashem Jerusalem reist er 1998 erstmals mit einer Gruppe von Lehrerinnen und Lehrern aus Nordrhein-Westfalen nach Jerusalem. Mehr als 20 Gruppen begleitet Theodor Schwedmann nach Israel, darunter auch Gruppen von Schülerinnen und Schülern, die unbedingt Israel und die Gedenkstätte Yad Vashem besuchen möchten. Theodor Schwedmann ist es wichtig, die Opfer des Holocaust aus der Anonymität zu befreien. Er will ihnen ihren Namen und ihr Gesicht zurückgeben. Er und seine Arbeitsgemeinschaft dokumentieren das Schicksal einzelner Jüdinnen und Juden durch Zeitzeugenberichte. Wie sehr die Arbeit von Theodor Schwedmann auch international geschätzt wird, zeigt eine außergewöhnliche Geste der „International School for Holocaust Studies". Sie überreicht ihm einen symbolischen Schlüssel - ich zitiere - „zu unseren Herzen und zu Yad Vashem".*
>
> (Ministerpräsident Armin Laschet am 14. Mai 2019)

Nach dem Zweiten Weltkrieg wurde die Beziehung zwischen Deutschland und dem Judentum lange Zeit auf die zwölf Jahre der nationalsozialistischen Schreckensherrschaft und des Holocaust (der Schoa) verkürzt. Die Bedeutung des jüdischen Lebens vor 1933 und nach 1945 wurde erst ab den 80er Jahren des vergangenen Jahrhunderts verstärkt in den Blick genommen. Heute ist es eine Selbstverständ-

lichkeit, sich damit zum Beispiel in den Schulen intensiv auseinanderzusetzen. Als ein besonders gelungenes Beispiel muss an dieser Stelle das 2015 von der Geschichts-AG der Hermann-Leeser-Realschule und dem Stadtarchiv der Stadt Dülmen herausgegebene preisgekrönte Buch „Von allem etwas - Erinnerungen an Helga Becker-Leeser" erwähnt werden, das sich in seinen ersten Kapiteln dem Leben der Dülmener Jüdin und ihrer Familie vor 1933 widmet. Aber auch im Rahmen anderer schulischer und außerschulischer Projekte werden immer wieder Fragen nach dem jüdisch-christlichen Zusammenleben in Dülmen vor der Schreckensherrschaft gestellt, genauso wie die Fragen zu einem Leben danach.

In Dülmen gibt es seit dem Ende des Zweiten Weltkrieges keine jüdische Gemeinde mehr. Gerade deshalb leistet das vorliegende Buch einen wichtigen Beitrag zur Erinnerungsarbeit vor Ort. Es

bietet Anknüpfungsmöglichkeiten für Bildungsprojekte jedweder Art in Schule und Gesellschaft, sodass junge Leute ebenso wie auch alle anderen Interessierten die enge Verbindung von Judentum und Christentum, aber auch die Bedeutung jüdischer Bürger für die deutsche Geschichte und Kultur über Jahrhunderte in großen Städten, aber auch in kleineren Gemeinden, verdeutlicht werden kann. Gleichzeitig ermöglicht es jedem Leser, innezuhalten und über seinen Platz im Bündel des Lebens zu reflektieren. So stellt auch dieses Büchlein auf lokaler Ebene einen Mosaikstein im großen Bild des Festjahres „1700 Jahre jüdisches Leben in Deutschland" dar.

Theo Schwedmann

- Langjähriger Leiter des Projektes
„Erziehung nach Auschwitz NRW" -

Bilder: Eine Dülmener Jugendgruppe zu Besuch im KZ Westerbork im Frühjahr 2015; die Jugendlichen waren im Vorfeld von Theo Schwedmann vorbereitet worden. - Talkveranstaltung im Dülmener Annette-von-Droste-Hülshoff Gymnasium - Bei der Verleihung des Landesverdienstordens 2019; Schlüssel von Yad Vashem in Schatulle; Zitierter Text: © 2019, Land NRW

Literatur auf der Spur I

Prominenz auf der Durchreise: Harry Heine besucht Dülmen

Wer war der bekannteste deutsche Jude? War es der Philosoph Karl Marx? Oder der Dichter Heinrich Heine? Oder der Physiker Albert Einstein? Schwer zu sagen - jedenfalls war einer von ihnen schon mal zu Gast in Dülmen: Heinrich Heine (1797-1856), damals noch mit dem Vornamen Harry. Im Jahre 2022 jährte sich nicht nur der 225. Geburtstag Heines, sondern war es auch 200 Jahre her, dass er 1822 in der Dülmener Poststation einkehrte. Das genaue Datum ist bedauerlicherweise nicht bekannt, aber eine bronzene Gedenktafel am Königsplatz erinnert bis heute an den berühmten Gast.

Sein Leben lang war Heine viel unterwegs, am Ende starb er fern seiner Heimat im Pariser Exil. In zahlreichen Gedichten und Reisebeschreibungen beschrieb er seine Eindrücke von Land und Leuten - so auch bei verschiedenen Reisen durch Westfalen. In einem launigen Gedicht hatte Heine schon 1820 „den Knüppelweg von Münster bis nach Dorsten" erwähnt. Es dürfte übrigens an seinem westfälischen Kindermädchen gelegen haben, dass Heine seinen beißenden Spott, völlig untypisch, nicht über deren Landsleute ausgoss.

Ich habe sie immer so liebgehabt,
die lieben, guten Westfalen,
ein Volk, so fest, so sicher, so treu,
ganz ohne Gleißen und Prahlen,

so formulierte er 1844 in „Deutschland. Ein Wintermärchen".

Als Harry Heine geboren, wuchs er in einer großbürgerlichen Familie auf, die dem liberalen Judentum angehörte. In den Jahren 1822 bis 1824 befasste sich Heine literarisch erstmals intensiv mit dem Judentum. Auf einer Reise nach Posen, die er 1822 von Berlin aus unternahm, begegnete er erstmals dem Chassidismus, einer religiös-mystischen Strömung des orthodoxen Judentums, der ihn zwar faszinierte, mit dem er sich aber nicht identifizieren konnte.

„VON 1723 BIS 1875 BEFAND SICH AN DIESER STELLE DIE DÜLMENER POSTSTATION. DIE KÖNIGE GUSTAV III. VON SCHWEDEN UND FRIEDRICH WILHELM III. VON PREUSSEN KEHRTEN HIER EIN. ANGEBLICH ÜBERNACHTETE KAISER NAPOLEON IM POSTHAUS. AUCH GOETHE, BRENTANO, HEINE UND ANNETTE VON DROSTE HÜLSHOFF MACHTEN IN DIESER STATION HALT."

Religiös letztlich indifferent, sah Heine in seiner Taufe 1825 bzw. in seinem Eintritt in die evangelische Kirche „nichts als eine bloße Nützlichkeitstatsache" und im Taufschein nur das „Entre Billet zur Europäischen Kultur". Dennoch musste er - von nun an nicht mehr „Harry", sondern „Heinrich" - in den folgenden Jahren schmerzhaft feststellen, dass viele Träger dieser Kultur auch einen getauften Juden wie ihn nicht als ihresgleichen akzeptierten. Auch diese Erfahrung war wohl ursächlich für seine wütenden Ressentiments gegen bürgerliche Fassaden und spießige Angepasstheit:

> *Dass ich bequem verbluten kann,*
> *gebt mir ein edles, weites Feld!*
> *O lasst mich nicht ersticken hier*
> *in dieser engen Krämerwelt!* (1831)

Nach seiner Taufe waren jüdische Themen im Werk Heines in den Hintergrund gerückt. Sie beschäftigten ihn aber ein Leben lang und traten vor allem in seinem Spätwerk wieder verstärkt zutage, etwa in den „Hebräischen Melodien", dem Dritten Buch des „Romanzero" von 1851. Im „Rabbi von Bacharach" kommentiert Heine 1840 die im 19. Jahrhundert fortschreitende Gleichberechtigung der Juden in Deutschland und ihre damit einhergehende Assimilierung sarkastisch:

> *Ein Jahrtausend schon und länger,*
> *dulden wir uns brüderlich:*
> *Du, du duldest, dass ich atme;*
> *dass du rasest, dulde ich.*
>
> *Jetzt wird unsere Freundschaft fester,*
> *und noch täglich nimmt sie zu;*
> *denn ich selbst begann zu rasen,*
> *und ich werde fast wie Du.*

Literatur: Lieselotte Folkerts: „Ich dachte der lieben Brüder" - Heinrich Heine und Westfalen, Münster 2006

Literatur auf der Spur II

Münsterland und Heiliges Land: Anna Katharina Emmerick und das Alte Testament

Die neutestamentlichen Visionen der „Mystikerin des Münsterlandes" zum Leben Jesu und seiner Mutter fanden bald nach dem Tod der Emmerick eine weite Verbreitung; die drei entsprechenden Bände sind bis heute den Emmerick-Verehrern ein Begriff. Dagegen blieben ihre alttestamentlichen Visionen lange Zeit ungedruckt und wurden erstmals 1881 unter dem Titel „Die Geheimnisse des Alten Bundes" veröffentlicht. Diese von Brentano aufgezeichneten Berichte widmen sich der Schöpfungsgeschichte, dem Sündenfall und dem Leben der Patriarchen - bewegen sich also im Rahmen des biblischen Buches Genesis. Wie das Buch Genesis, so enden auch die alttestamentlichen Emmerick-Visionen bei Josef in Ägypten, wohin es den jüngsten Sohn des Jakob bekanntlich verschlagen hatte. In Ägypten heiratete Josef die Nichtjüdin Asenat, die Tochter eines ägyptischen Priesters (Gen 41,45): Von ihr werden die Söhne Ephraim und Manasse geboren, die Generationen später, nach dem „Exodus" und der Heimkehr ins Gelobte Land, als Stammväter von zwei der zwölf Stämme Israels betrachtet und geehrt werden.

Und genau hier entstand für die „Rabbinen", also die jüdischen Gelehrten der nachbiblischen Zeit, ein skandalöses Problem: Bis heute gilt man nur dann als jüdisch, wenn man von einer jüdischen Mutter geboren wurde. In dieser strengen Lesart wären laut Auskunft des Buches Genesis bzw. aus Sicht der rabbinischen Schriftauslegung, der Halacha, die beiden Stämme Ephraim und Manasse illegitim gewesen! Ein eigener halachischer Midrasch (Auslegungsspruch) der Rabbinen legte im 2. Jahrhundert n.Chr. fest, das Asenat - also die Gattin Josefs und Mutter Ephraims und Manasses - in Wirklichkeit keine ägyptische Priestertochter war, sondern Frucht einer Vergewaltigung, die an Dina, einer Tochter des Jakob, begangen worden war. Jakob habe Asenat als Enkelin und damit zur Sippe gehörig anerkannt. Indem also Josef seine Nichte ehelichte, wurden Ephraim und Manasse Urenkel Jakobs mütterlicherseits.

Kein geringerer als der renommierte deutsch-israelische Religionswissenschaftler Schalom Ben-Chorin (1913-1999) publizierte 1974 eine verblüffende Entdeckung: „Es ist nun überaus merkwürdig, dass die Visionen der Anna Katharina Emmerick und der halachische Midrasch im wesentlichen voll übereinstimmen. Anna Katharina Emmerick teilt ebenfalls mit, dass Asenat die Enkelin des Patriarchen Jakob war, dass Josef seine Nichte geheiratet hat und dass diese durch ein Amulett ihres Großvaters Jakob als sippenzugehörig gekennzeichnet war." Für Ben-Cho-

rin ist es ganz ausgeschlossen, dass die Dülmener Mystikerin oder ihr Schreiber Brentano die Übereinstimmungen der Emmerick-Visionen mit einem antiken rabbinischen Midrasch auch nur ahnen konnten. Überhaupt sei es nicht denkbar, „dass die stigmatisierte Nonne und ihr romantischer Sekretär die rabbinischen Traditionen kannten, die selbst den meisten Juden unbekannt sind, da es sich hier um keineswegs verbindlichen Randtraditionen handelt." Auch irgendwelche patristische, also altkirchliche christliche Schriften, in denen Brentano möglicherweise irgendwelche einschlägigen Hinweise entdeckt haben könnte, sind nicht bekannt. Für Ben-Chorin bleibt „das frappierende Phänomen einer Übereinstimmung" der Vision der Anna Katharina Emmerick mit einer Midrasch-Exegese des rabbinischen Judentums zu einer Episode im Buch Genesis, die sich mit der Zwölfstämme-Tradition des Volkes Israel auseinandersetzt.

Die Literaturwissenschaftlerin Martina Vordermayer relativierte 1997 das Erstaunen des Schalom Ben-Chorin über „Die Geheimnisse des Alten Bundes" und verwies auf „Das Leben der hl. Jungfrau Maria": Tatsächlich hat Brentano diesen Band (im Unterschied zu allen anderen Bänden mit Emmerick-Visionen) mit einem umfangreichen Fußnotenapparat ausgestattet, der zahlreiche Hintergrundinformationen aus der historischen und spirituellen Welt des Judentums bereithält. „Brentano nimmt hier mit Hilfe des Orientalisten Hanenberg, dem ‚Sprachkundigen', immer wieder Bezug auf die jüdische Tradition. Konsultiert und teilweise zitiert wird der Talmud, hier speziell die Mischna und das Sota-Traktat, auch die Überlieferung der Kabbala wird herangezogen." In diesem Sinne habe „Das Leben der hl. Jungfrau Maria" von einer „positiven Adaption jüdischer Gesetzestexte, Traktate und Mystik" profitiert. Ferner ergebe ein Blick in den Versteigerungskatalog bei der Auflösung von Brentanos Bibliothek 1819, dass dieser verschiedene kulturgeschichtliche und mystische Schriften über das Judentum, exegetische Werke, Reisebeschreibungen aus dem Heiligen Land, hebräische Bibelausgaben sowie hebräische Grammatiken und Wörterbücher besessen habe.

Literatur: Schalom Ben-Chorin: Eine alttestamentliche Vision der Anna Katharina Emmerick, in: Zeitschrift für Religions- und Geistesgeschichte, Bd. 26, 1974, S. 334-345 // Martina Vordermayer: Antisemitismus und Judentum bei Clemens Brentano, in: Forschungen zum Junghegelianismus Bd. 4, Frankfurt u. Wien 1999, S. 155f u. S. 167f.

Literatur auf der Spur III

Nachbar und Zeitzeuge: Am 17. Mai 2022 wäre Heinz Brathe 100 Jahre alt geworden

Als im Jahre 1990 der Kreis Coesfeld den Sammelband „Juden im Kreis Coesfeld" herausbrachte, hielten Landrat und Oberkreisdirektor im gemeinsamen Vorwort fest: „Der Kreis Coesfeld bekennt sich mit diesem Buch zu einer bleibenden Verpflichtung den Opfern des Holocaust gegenüber."

In dem rd. 350 Seiten umfassenden Werk fand jeder Ort des Kreises, in dem je Juden lebten, seine eigene Darstellung, in der die Geschichte dieser Bevölkerungsgruppe festgehalten wird. Der Dülmener Studiendirektor i.R. Heinz Brathe steuerte einen Aufsatz unter dem Titel „Dülmener wie andere auch – das Ende der jüdischen Gemeinde 1933/41" bei. Begibt man sich bei einem Lektürestreifzug durch die Beiträge und die ihnen zugeordneten umfangreichen Fußnotenapparate, so fällt ins Auge, dass aus keiner der Ortschaften des Kreises Coesfeld so früh eine Veröffentlichung über den Holocaust und insbesondere die „Reichskristallnacht" zu vermelden ist, wie aus Dülmen. Noch bevor die im Januar 1979 im WDR-Fernsehen ausgestrahlte Serie „Holocaust" („Die Geschichte der Familie Weiss") als „erinnerungsgeschichtliche Zäsur" zu einer breitenwirksam diskutierten Notwendigkeit einer „Vergangenheitsbewältigung" führte, hatte der Dülmener Heimatverein in der Herbstausgabe 1978 der „Dülmener Heimatblätter" den fünfseitigen Artikel „Die ‚Reichskristallnacht' in Dülmen" veröffentlicht. Autor dieser „Erinnerung an den 9./10. November 1938 und das Ende der jüdischen Gemeinde" war der genannte Heinz Brathe. Eine derart frühe lokalgeschichtliche Schilderung von „Holocaust" und „Reichskristallnacht", wie wir sie für Dülmen in der Ausgabe Nr. 3/4 der „Dülmener Heimatblätter" von 1978 finden, ist regional beispiellos.

Heinz Brathe hatte schon seit Ende der 1960er Jahre eine ganze Reihe zeitgeschichtlicher Aufsätze in den „Dülmener Heimatblättern" platziert – so etwa über den umstrittenen Reichskanzler und Merfelder Ehrenbürger von Papen (1969/71), über die „Räterepublik" nach dem Ersten Weltkrieg (1970), über die nationalsozialistische „Machtergreifung" in Dülmen (1972/73) oder über das „Emmerick-Kirchenblatt" im Nationalsozialismus (1977). Doch im Unterschied zu diesen Themen empfand sich Brathe bei seinen Recherchen zum Schicksal der Dülmener Juden im „Dritten Reich" nicht einfach als Heimatforscher, sondern auch als Zeitzeuge. Noch nach Jahrzehnten war Brathe tief betroffen darüber, dass die damaligen Vorgänge in der allerengsten Nachbarschaft stattfanden - und zwar buchstäblich.

Heinz Brathe erblickte am 17. Mai 1922 als Sohn des Anstreichermeisters August Brathe und seiner Ehefrau Dorothea das Licht der Welt und wurde vier Tage später in St. Viktor auf den Namen Heinrich Bernhard getauft. Die Familie Brathe lebte am Kirchplatz Nr. 7 und damit in unmittelbarer Nähe zur Familie des jüdischen Viehhändlers Louis Pins, die das alte große Bürgerhaus am Kirchplatz Nr. 8 bewohnte. Heinz Brathe war 16 Jahre alt, als sich in der „Reichskristallnacht" eine beispiellose Gewalt gegenüber der jüdischen Bevölkerung in Deutschland austobte. „Um Mitternacht wurden einige Anwohner des Kirchplatzes aus dem Schlaf geschreckt", erinnerte sich Brathe in dem Artikel von 1978. Er selbst ist in dieser Erinnerung inbegriffen: „Die Nachbarn des Louis Pins ergriff in jener Nacht ein zweitesmal lähmendes Entsetzen", als randalierende Nazis gegen 3.00 Uhr das Haus Pins stürmten; „die drei Hausbewohner zogen sich in ihrer großen Not in ein Zimmer des Obergeschosses zurück." Was dann folgte, hat Brathe sein Leben lang als zutiefst beschämend und nahezu traumatisch empfunden: „Geraume Zeit danach verließ die Tochter des Louis Pins das Haus, um ein kleines Bündel, das vermutlich Wertsachen enthielt, in der Nachbarschaft in Sicherheit zu bringen. Die Angst vor Repressalien überwog menschliche Regungen und hielt die Türen verschlossen."

Man kann sich denken, dass das bislang ungetrübte nachbarschaftliche Verhältnis fortan nicht mehr ganz unbefangen war. Jedenfalls hat die Familie Brathe die Einzelheiten der Verhaftung ihres Nachbarn ein halbes Jahr später nicht mehr genau mitbekommen. Denn nach Heinz Brathes Erinnerungen war Louis Pins im Frühjahr 1939 „in Hamburg im Büro einer jüdischen Auswandererorganisation wegen angeblicher Devisenvergehen festgenommen" worden; tatsächlich aber hatte ihn die Hamburger Zollfahndung aus seiner Dülmener Wohnung abgeholt und nach Hamburg gebracht. Dagegen hielt der Jugendliche ein anderes Detail vermutlich aus eigener Anschauung fest: „Aus Hamburg erreichte die Familie am 24.6.1939 - am Tage vor Pfingsten - ein Telegramm des Inhaltes, dass der 65jährige Häftling am 12.6.1939 durch Herzversagen plötzlich gestorben sei." (In dem eingangs erwähnten Aufsatz von 1990 ergänzte Brathe, Pins sei „den Strapazen der Haft und der Verhöre" erlegen.) Vielleicht wurde der Schüler am Pfingstsamstag 1939 ja persönlich Zeuge des schrecklichen Augenblicks, als bei den Nachbarn das Telegram eintraf - oder aber Louis Pins' Frau oder Tochter haben die traurige Nachricht vom Tod des Gatten und Vaters ihren Nachbarn mitgeteilt. Dann wiederum könnte es aber so gewesen sein, dass zwar das Telegramm aus Hamburg eintraf, allerdings mit einem anderen Inhalt als dem, den die entsetzten Pins-Angehörigen ihren Nachbarn mitteilen mochten: „Tod durch Erhängen. Selbstmord", wie es in der Sterbeurkunde von Louis Pins schon am 16. Juni 1939 offiziell dokumentiert worden war.

Nach dem Krieg wurde Brathe Lehrer für Geschichte und Latein am Dülmener Clemens-Brentano-Gymnasium. Sein unermüdliches ehrenamtliches Engagement für die Dülmener Stadtgeschichte und den Dülmener Heimatverein wurde 1979 mit der Verleihung der Kulturplakette der Stadt Dülmen und 1987 mit dem Bundesverdienstkreuz am Bande gewürdigt. Heinz Brathe, der 1956 Elisabeth Mintrop heiratete und mit ihr zwei Söhne hatte, starb am 19. Oktober 2008.

Man wird sagen dürfen, dass die zeitgeschichtliche Sensibilität und der unbestechliche Gerechtigkeitssinn eines Heinz Brathe auch nach seinem Ableben insbesondere im Dülmener Heimatverein nachwirkt. So wurde in einer Sonderausgabe der „Dülmener Heimatblätter" zum 700jährigen Dülmener Stadtjubiläum 2011 der Schwerpunkt „ausdrücklich auf die ... schweren Zeiten des Zweiten Weltkrieges rund um Dülmen, einschließlich der schmählichen Behandlung der Dülmener jüdischen Bevölkerung und vieler andersdenkender Menschen durch die Nationalsozialisten" gelegt. „Hier haben sich gerade auch Dülmener Bürger schuldig gemacht", betonte das Redaktionsteam im Geleitwort.

Literatur: Juden im Kreis Coesfeld, Beiträge zur Landes- und Volkskunde des Kreises Coesfeld Bd. 24, Coesfeld 1990 // Dülmener Heimatblätter: 700 Jahre Stadt Dülmen, Sonderausgabe 2011

Bilder: Bilder: S. 67: Heinrich Heine ca. 1843; Bronzetafel an der ehemaligen Dülmener Poststation; Poststation vor 1895; Ellen Terhorst liest Heine-Gedichte bei einem literarischen Gedenkabend am 9. November 2021; Anna Katharina Emmerick auf einem Ölgemälde (Ausschnitt), 1895; Illustration aus dem Emmerick-Bilderbuch für Jung und Alt; Porträt von Heinz Brathe; Häuserzeile der Straße „Kirchplatz" vor 1945 ; Blick auf das Haus der Familie Pins, ca. 1901

Jüdisches Leben und jüdische Spuren in Dülmen

1554	Zwei jüdische Familien leben in Dülmen
1574	Ältester Beleg eines Juden in einer Urkunde im Dülmener Stadtarchiv über die Genehmigung eines jüdischen Bestattungsplatzes vor der Stadt
1690	Gewalttätige Ausschreitungen gegen Dülmener Juden
1702	Streit um unzulängliche Bestattungsmöglichkeiten auf einer den Dülmener Juden seit Generationen zugewiesenen (heute nicht mehr bekannten) Begräbnisstätte
1715	Gewalttätige Ausschreitungen gegen Dülmener Juden
1719	Fünf jüdische Familien leben in Dülmen
1796	Offizielle Eröffnung eines Jüdischen Friedhofs am Lüdinghauser Tor
1801	Einrichtung einer Synagoge in einem Haus an der Kötteröde
1811	Gleichstellung der Juden in Preußen
1862	Die private jüdische Schule wird als öffentliche Schule anerkannt
1864	Einweihung einer Synagoge an der Münsterstraße
1905	Anlegung eines weiteren Dülmener Judenfriedhofs neben dem evangelischen Friedhof
1933	In Dülmen leben 67 jüdische Personen
1937	Umsetzung der Grabsteine vom alten zum neuen jüdischen Friedhof
1938	Übergriffe auf jüdische Familien in der Pogromnacht vom 9. November; Zerstörung der Synagoge und Gräberschändung
1942	Deportation der beiden letzten Dülmener Juden
1979	Gedenkstein auf dem früheren Friedhof am Lüdinghauser Tor
1988	Gedenktafel an der Alten Sparkasse zur Erinnerung an die frühere Synagoge auf der gegenüberliegenden Straßenseite
1990	Weiteres Mahnmal auf dem früheren jüdischen Friedhof am Lüdinghauser Tor
2005	Beginn der Verlegung von „Stolpersteinen" in Dülmen

Bilder: Jugendliche des Clemens-Brentano-Gymnasiums am Holocaust-Gedenktag 2020 in der „Alten Sparkasse"; Vortrag der Holocaust-Überlebenden Eva Weyl vor Jugendlichen der Dülmener Marienschule 2019; Schülerinnen der Kardinal-von-Galen-Schule 2014 bei einem Festakt anlässlich des Beitritts der Stadt Dülmen zum „Riga-Komitee"; Jüdische Kinder in der Dülmener Synagoge 1935/36